北京市社会科学理论著作
出版基金资助

XIANQIN LIANGHAN WENTI YANJIU

先秦两汉文体研究

于雪棠 著

北京师范大学出版集团
BEIJING NORMAL UNIVERSITY PUBLISHING GROUP
北京师范大学出版社

图书在版编目(CIP)数据

先秦两汉文体研究/于雪棠著.—北京:北京师范大学出版社,2012.3

ISBN 978-7-303-14098-5

Ⅰ.①先… Ⅱ.①于… Ⅲ.①中国文学:古典文学-文体论-研究-先秦时代②中国文学:古典文学-文体论-研究-汉代 Ⅳ.①I206.2

中国版本图书馆 CIP 数据核字(2012)第 018460 号

营 销 中 心 电 话　010-58802181 58805532
北师大出版社高等教育分社网　http://gaojiao.bnup.com.cn
电 子 信 箱　beishida168@126.com

出版发行:北京师范大学出版社 www.bnup.com.cn
　　　　　北京新街口外大街 19 号
　　　　　邮政编码:100875

印　　刷:北京京师印务有限公司
经　　销:全国新华书店
开　　本:148 mm × 210 mm
印　　张:7
字　　数:151 千字
版　　次:2012 年 3 月第 1 版
印　　次:2012 年 3 月第 1 次印刷
定　　价:24.00 元

策划编辑:赵月华　　　　　责任编辑:张 嫚
美术编辑:毛 佳　　　　　装帧设计:毛 佳
责任校对:李 菡　　　　　责任印制:李 啸

序

所谓文体，指文学体裁、体制或样式。中国古代的文体纷繁复杂，美不胜收，是中国传统文化的一个珍贵宝藏，也是世界文化的一份宝贵财富，值得我们去发掘，更值得我们去继承。

我对中国古代文体的研究兴趣，始于1999年初夏，申报国家教育部人文社会科学跨世纪优秀人才基金项目《中国古代文体学史论》。当时我注意到，20世纪以来，学术界对中国古代文体理论的研究一直十分关注，尤其是20世纪90年代以来，文体研究成为文学研究领域的一个热点，取得了显著的成果。但是，对中国古代文体学的历史发展和理论构成进行总体研究，却仍然是一个亟待解决的重要的学术课题。研究这一课题，不仅是对20世纪以来有关中国古代文体研究成果的总结，更是对中国古代文体理论的文化价值和思想价值的深层发掘。而对中国古代文体学的理论研究，将有利于深入把握中国古代文艺学思想的精髓，有利于发掘中国古代文化思想的宝藏。该项目于2000年获得批准立项，从此我就同中国古代文体研究结下了不解之缘。

在项目开展的过程中，我越来越深切地认识到，研究中国古代文体，不仅应当关注文体理论，更应当关注文体实践。就中国古代文化、古代文学而言，更丰富的宝藏、更珍贵的财富，还不是条分缕析的文体理论成果，而是匠心独运的文体实践结晶。探究中国古代丰富多彩、独具一格的文体实践，更能使我们走进每一位作家的心灵，更能究索每一部文本的内蕴，更能揭橥每一种文体的奥秘，也更能观赏中国历代文化变迁的图景。

正是基于这一想法，2000 年盛夏，当于雪棠博士从东北师范大学毕业，到北京师范大学中国语言文学博士后站工作时，我就建议她选择先秦两汉文体作为研究课题。雪棠从小沐浴书香门第的熏风，家学渊源深厚，国学功底扎实，兰心蕙质，勤勉好学。更难得的是，禀承乃父海洲先生庭训，雪棠接受了中国古代文体写作的系统训练，诗词文赋，多有佳作，在同龄人中堪称佼佼者。研究古代文体而不懂得文体写作，那无异于缘木求鱼，说出来的话只能是隔靴搔痒。因此，雪棠可谓古代文体研究的最佳人选，我当时就坚信，她一定能在文体研究方面独辟蹊径，自树一帜。

在博士后站工作的两年时间里，雪棠浸淫经典，沉潜学问，在对具体文本的深入解读中，一方面细致入微地探究文体的内在构成方式，一方面上下求索地考察文体的生成演变过程以及文体之间的相互渗透与融合。2002 年 6 月博士后出站时，雪棠呈交了一份题为"先秦两汉文体研究"的工作报告，涉及以下七个论题：《周易》与上古文学占筮型问对体，《周易》经传结构与战国秦汉散文的体制，《尚书》的文体分类及行为与文本的关系，从《尚书·尧典》等篇看早期历史叙事文体的特征，从秦汉封禅看文体与文化生态的关系，《尚书》训体与《史》《汉》书志及《七发》、刘向《说苑》等书编撰体例考源，从东汉碑文看文体的分合交叉及其他。

从这些论题的标目即可看出，雪棠的学术研究具有非常鲜明的三大特色：第一，擘机分理地细致解析具体文本，以此作为文体研究的坚实依据，摒弃蹈空之论；第二，密切关注文体的复杂构成，多层次、多角度地考察文本与文本、文体与文体之间的渗透、交叉、融合等关系，避免偏执之见；第三，深入追索促使文体生成及嬗变的主客观因素，在错综丰富的文化语境中揭示文体的文化价值与文化意义。这三大特色，得到出席博士后出站报告评审会专家的一致称赏，并从此奠定了雪棠学术研究的坚实基石。

    雪棠在 2002 年受聘为北京师范大学文学院教师以后，虽然工作繁忙、家事冗杂，但却仍然孜孜矻矻、潜心学问，在学术研究园地里精心劳作、勤奋耕耘。她一边修订旧稿，一边撰著新论，对春秋辞令、《春秋公羊传》和《春秋繁露》、西汉诏策等论题，又进行了开拓性的研究，大大充实了博士后出站报告。

    2009 年，这部面貌一新的《先秦两汉文体研究》，有幸获得北京市社会科学理论著作出版基金资助，来年即将问世。我私心以为，在迄今为止已经出版的研究中国古代文体的论著中，这部著作犹如临风玉树，秀美多姿。所以当雪棠请我作序时，即聊书数语。是为序。

郭英德

2011 年 9 月 2 日

前　言

　　古人对文体很早就有了朦胧的认识。把诗编为三百篇总集的《诗经》、把历史上的官方文告记录下来的《尚书》，就体现出以类相从的编辑原则，表明人们对于诗歌与散文这两种不同文体的特点已经有了区分意识。时至两汉，《汉书·艺文志》具有不容忽视的文体分类价值。魏晋时期，人们的文体观念十分自觉，产生了在文体研究史上举足轻重的单篇论文与专著，如《典论·论文》《文赋》《文选》及《文心雕龙》等。其后，对于文体的研究绵绵不绝。比较著名的专著有明代吴讷的《文章辨体序说》和徐师曾的《文体明辨序说》等。

　　进入近现代以来，一些文学史及文学批评史著作，如刘师培的《中国中古文学史/论文杂记》、鲁迅的《汉文学史纲要》，都对先秦两汉时期的文体变迁有所涉及。罗根泽的《中国文学批评史》和姜亮夫的《文学概论讲述》设专章讲述文体，顾易生、蒋凡的《先秦两汉文学批评史》也涉及文体问题。褚斌杰的《中国古代文体概论》梳理了古代众多文体，对每一种文体的源流、体制论述详明。人民文学出版社出版了系列古代文体理论方面的丛书，云南人民出版社也出版了文体学丛书。对于文体的研究，无论是论文还是专著，大多集中在诗、赋和小说上。至于古代散文文体，则明显有些冷落。对于先秦两汉这一时期的文体现象，虽然取得了令人瞩目的研究成果，但仍需要进行更广泛、更深入、更系统的研究，这个课题还有很大的学术空间。

　　先秦两汉时期是我国古代文学的发轫期，也是我国古代众多文体开始萌芽乃至成熟的重要阶段。这一时期已经出现了多种文体，大的类别有诗歌与散文的分别，下一个层次的区分则体类更多。而且，具有诗与文两种文体特征的赋，也兴盛于这一时期。从刘勰开始，就多有学者将众多文体都溯源于五经。北齐颜之推、清代的章学诚，都表述过类似的看法。如章学诚曾说："后世之文，其体皆备于战国。"（《文史通义·诗教上》）这些看法虽然并不完全正确，但大体符合实情。因此，深入地梳理、研究先秦两汉这一时期的文体现象以及人们的文体观念，具有追本溯源的启示意义。

文体研究是文学史研究、文学批评史研究的一项重要内容。我国古代文学的文学种类和样式非常丰富，每一时代都有其特别发达的一种文体。文体的变迁，包含着文学观念的变迁；作者在文学创作上的探索，往往表现为对文体的创新与发展。因此，对于不同文体体制特征的辨析和分类，一种文体的发生及发展演变过程，以及不同文体之间相互渗透与融合等问题的研究，无疑会有助于我们对于文学本质的认识，能够推动、促进我们对于文学创作规律的掌握。而梳理与探讨具有奠基意义的先秦两汉时期文体与文体观念，就显得尤为重要，这会帮助我们澄清文学史研究中一些历来面目模糊的问题。

文体分类、文体源流及体制，是文体研究的基本问题，大多数文体研究著作对此都给予了充分重视，做出了多种解答并取得了突出成绩。不过，其中仍然存在一些需要进一步探讨或者值得重新认识的题目。

本书主要以先秦两汉时期《周易》《尚书》两部经典本身及相关散文文体现象及文体观念为研究范围，意图从大的文化背景纵向观照某些文体的产生和发展，横向考察各种文体之间的相互渗透与交叉，深入追索促使文体产生及嬗变的复杂因素，包括时代风尚、文艺思潮、学术氛围、创作主体的个性气质与审美偏好、题材内容及读者对文体的心理期待等。希望能够有所发现，有所收获，对这一课题有所贡献。

本书以先秦两汉文体现象及文体观念为研究对象，探讨了十个论题，着重于探源和考变。主要结论如下：

1. 《周易》本经对卦式结构、包举宇宙式的结构、经传合编的结构编排体例与战国秦汉时期散文著述的体制之间存在一定的关联。

2. 《尚书》篇名的命名方式暗中制约、规定着人们进行文体分类。六体之名是由行为之名转为文体之名，行为本身的特点与记录行为的文本体类特点具有一致性。

3. 从叙事与记言角度考察，《尚书》中《尧典》《禹贡》《金縢》和《顾命》四篇属叙事体，相对于其他篇章更多地具有说（口语）的色彩，这几篇鲜明地表现出写（书面）的特征。

4. 《尚书》典体文有两条发展线索，其一为封禅文。封禅文本的产生及外在形态受到文化生态的影响。作者对文本功能期待的变化体现出文学自觉意识的增强。

5. 《尚书》中的训含有解说、传授知识的含义，训体文是《史记》和《汉书》书志的先声，训体文经历了由说明文到议论文的转变。

6. 春秋辞令的卓绝丰富，与当时重言尚辞、崇文重礼的观念有着密切的联系。春秋时期还存在一种"辞其何益"的看法。受重辞与轻辞两种看法影响的辞令，其风格存在很大差异。

7. 《春秋》经的两部公羊派早期阐释著作《春秋公羊传》和董仲舒的《春秋繁露》（前十七篇），文体迥异。文体的生成与经学阐释方式直接相关。《公羊传》与《春秋繁露》不同的文体，反映出先秦与汉初两种不同的经学阐释方式。

8. 西汉诏策多为帝王自拟，汉帝的从师问学情况，除高祖和文帝，其余史有详载。经学教育是一种观念教育，在灾异诏的内容和体制中有明显的表现。经学教育培育出不同的人格类型；不同人格类型的帝王，其诏策风格亦不相同。

9. 刘向编辑的《说苑》《新序》和《列女传》三部书的体例，缘于先秦诸子及战国至汉初的说经方式，其意在事先、以事言理的思想表达方式与《周易》一脉相承。

10. 碑文兴起于东汉，以颂德为主，碑与铭诔存在渗透交叉、分分合合的关系，文体的产生与兴盛具有偶然性。

目 录 □ CONTENTS

第一章
《周易》经传结构与战国秦汉散文的体制

　　《周易》本经具有对卦式和沟通天人的编排特点，把本经与七种《易》传联结为一个整体加以观照，传具有后世序的文体特征。本章拟从对卦式、沟通天人、序的体例及经传合编与论说文的形态这四个方面，考察《周易》经传与战国秦汉散文几种结构编排形式之间的关系，力求以《周易》经传的结构为线索，揭示上古文学作品某些结构特点及其源头所在。

　　关于《周易》经传的作者、成书年代与编排体例问题，历来说法不一。在进行研究之前，需要说明的是，笔者赞成这种看法：《周易》本经的撰定及编次成于西周初期，《易》传成于春秋战国时期，非一人所作，把经文与传文合编在一起，始于西汉的费直。① 这是本章所有结论的前提。

第一节　对卦式结构形态

六十四卦是按照两两相对的方式编排的，每两卦为一组，

---

① 关于《周易》经传作者、著作年代及编排体例，撮举几种观点，排比如下：

（汉）司马迁《报任少卿书》："盖西伯拘而演《周易》。"（班固：《汉书》，第 62 卷，2735 页，北京，中华书局，1962）

（汉）司马迁：《史记·孔子世家》："孔子晚而喜《易》，序《彖》、《系》、《象》、《说卦》、《文言》。"（《史记》，第 47 卷，1937 页，北京，中华书局，1982）

（汉）班固：《汉书·艺文志》："孔氏为之《彖》、《象》、《系辞》、《文言》、《序卦》之属十篇。"（《汉书》，第 30 卷，1704 页）

皮锡瑞有"论以传附经始于费直不始于王弼亦非本于郑君"文。（详见（清）皮锡瑞：《经学通论》，25 页，北京，中华书局，1954）

李镜池：《彖传》与《象传》，"年代当在秦汉间；其著作者当是齐鲁间底儒家者流。"《系辞》与《文言》，"年代当在史迁之后，昭宣之前。"《说卦》《序卦》与《杂卦》"在昭宣后。"（李镜池：《易传探源》，见顾颉刚编著：《古史辨》，第三册，94～128 页，上海，上海古籍出版社，1982）

高亨："说十翼中有汉人作品，并无坚确的论据。管见以为十翼都写于战国时代，正如欧阳所说'非一人之言'，《彖》《象》比较早些，可能在春秋末期。"（高亨：《周易杂论》，35～36 页，济南，齐鲁书社，1979）

黄寿祺、张善文："《易传》七种原皆单行，后来被合入经文并行……关于援传连经始于何人的问题，旧有两说。……（三国）淳于俊认为，东汉的郑玄合《彖传》、《象传》于经文。《崇文总目》云：'凡以《彖》、《象》、《文言》杂入卦中者，自费氏始。'晁公武《郡斋读书志》亦曰：'凡以《彖》、《象》、《文言》等参入卦中，皆祖费氏。东京荀、刘、马、郑皆传其学。王弼最后出，或用郑说，则弼亦本费氏也。'……汉代学者出于便利诵习的目的，编成经传参合本，当是较为可信的说法。"（黄寿祺、张善文：《周易译注》，8～9 页，上海，上海古籍出版社，1989）

可以分为三十二对。这种编排的本子出现甚早，流传久远，影响很大。本经具有这个特点，《易》传对此又做了明确的阐释。《杂卦》作者独具慧眼地发现了《易》经对卦式这一重要的编排方式，其阐发深得要义。《杂卦》没有按照六十四卦的顺序解说卦义，而是错综交互地叙述，错杂之中有一个规律，即大体上是把相邻的两卦联系起来对卦义进行说明。①

究其渊源，如此编排，与《易》经的中心观念——阴阳不无关系。《易》卦象的基本符号是阴爻和阳爻，其中蕴涵朴素的对立转化观念，也蕴涵二分法的世界观。由此而来，全书六十四卦按照两两相对的原则来编排，自然顺理成章。

那么，对举的两卦之间是什么关系呢？或者说，遵循什么宗旨来选择对排的两卦？晋韩康伯在注中指出："《杂卦》者杂糅众卦，错综其义，或以同相类，或以异相明也。"②"以同相类"和"以异相明"，正是《易》经六十四卦一个基本的编排宗旨，在这个宗旨的支配下，才形成两两对举的编排形式。

以同相类和以异相明二者相较，以异相明占大多数。例如《杂卦》云："《乾》刚《坤》柔，《比》乐《师》忧。""《震》，起也；《艮》，止也。《损》、《益》，盛衰之始也。""《睽》，外也；《家人》，内也。《否》、《泰》，反其类也。"③乾道刚健，坤道柔顺。《比》卦旨在结群，故乐；《师》卦言军旅之事，故忧。《震》卦讲

---

① 《杂卦》自《大过》以下八卦，没有两两相对地加以解说，对此，古人虞翻、干宝、朱熹等都提出各自的看法，或解释原因，或疑为错简。近人尚秉和认为这几卦"虽不对举，而义仍反对"。（尚秉和：《周易尚氏学》，338页，北京，中华书局，1980）

② （魏）王弼、韩康伯注，（唐）孔颖达等正义：《周易正义》，见（清）阮元校刻：《十三经注疏》，96页，北京，中华书局，1980。本章所引《周易》经传原文均出自十三经注疏本《周易正义》。

③ 本段所引《杂卦》均出自《周易正义》，见（清）阮元校刻：《十三经注疏》，96页。

的是雷动之象，在古人观念中，雷动为万物起始初动之象，《说卦》认为"万物出乎震"①，故曰起；《艮》象为山，山为静止不动之象，故曰止。《损》为盛之始，《益》为衰之始。《睽》卦所言都是离家在外之事，《家人》卦讲的是治家之事。《否》为天地闭塞之象，《泰》为天地交通之象，二者卦象与性质恰恰相反。其他还有许多，不一而足。

《杂卦》所言属于"以同相类"的有：《革》，去故也；《鼎》，取新也。""《需》，不进也；《讼》，不亲也。"②《革》卦义是革去已有的；《鼎》卦义是煮熟生食后取得新食，意在取得新物。两卦意相连属。"不进"与"不亲"都是否定性的行为和情感，故为同类。再如《临》与《观》二卦，具有动作的连续性，先临近，后观察。《萃》与《升》二卦也具有动作的连续性，先聚集，后上升。这两组也都属于以同相类型。

《易》经的这种对卦式结构方式及其遵循的宗旨，给后代著作的结构编排颇多启示。《吕氏春秋》中依照"以异相明"或"以同相类"方法编排结构的篇目所在多有，仅举几例，略作说明。《贵公》和《去私》，《劝学》和《尊师》，《侈乐》和《适音》，《不二》和《执一》等紧紧相邻的几篇都是对卦式结构。仅从题目上就能看出它们之间的联系。《贵公》以公正为贵，《去私》则是去除私心，二者正是相辅相成。贵公必须去私，去私才能贵公，它们互为前提和条件，相互发明。《劝学》旨在劝勉人们要致力于学习，学习自然离不开老师，对待老师应该有什么样的态度呢？《尊师》就回答了这个问题，强调了尊师重教的重要性。《侈乐》批评了奢华靡费的音乐，是从反面论述；《适音》篇就从正面论述了音乐应当平和适中的道理。《不二》即不能有两个中心，强调权力集中统一，通过否定"二"来说明应该"一"的治国之道；

---

① 《周易正义》，见（清）阮元校刻：《十三经注疏》，94 页。

② 《周易正义》，见（清）阮元校刻：《十三经注疏》，96 页。

《执一》也同样是强调要集权力于一身，直接用肯定形式来表达政治观点。一否定一肯定，突出了作者对君主权力分配问题的看法和意见。

《吕氏春秋》的篇目编排虽然存在大量的《易》式对卦型结构，但还属于局部现象，并不是整部书都如此。时至汉代，作者和编撰者更加有意识地注重书的整体结构编排，出现了不少精心编排结构的著作，《说苑》就是一部值得玩味的书。

刘向整理编定了多部散佚的古籍，他编撰的书，基本上都有一个整饬的总体结构。《说苑》一书全部都是按照两两相对的原则来编排顺序的，或"以异相明"或"以同相类"。全书分为二十卷，依次是：《君道》《臣术》，《建本》《立节》，《贵德》《复恩》，《政理》《尊贤》，《正谏》《敬慎》，《善说》《奉使》，《权谋》《至公》，《指武》《谈丛》，《杂言》《辨物》，《修文》《反质》。①

从卷目上看，《君道》与《臣术》，《建本》与《立节》，《修文》与《反质》六篇"以异相明"的特点非常明显。《君道》论述的主题是君主治国治民的原则、方法以及个人应具有的操守和德行等；《臣术》对人臣应遵循的原则、具备的才能及应坚持的操守等展开论述。君臣关系是对立统一的关系，二者既相对立，又相依赖。君道与臣术则是一个问题的两个方面，相互依存，相互发明。《建本》讲的是建立根本，主要说明立身处世、为政治国应首先做好的根本大事。"本"与"节"本来是相对而言的。《立节》讲的是树立名节，把《建本》中的主张具体化了，并对《建本》的内容作了一些补充，侧重臣民一方立论。《修文》主旨是兴修文教，制礼作乐，"文"是修饰，是加在事物本来天性之外的东西；与"文"相对的则是"质"，相连的一卷就论说"反质"，使事物回归本质，保持它质朴的本性，主要内容是反对

① （汉）刘向撰，向宗鲁校证：《说苑校证》，北京，中华书局，1987。

奢侈、提倡质实简朴。这几对卷目相反相成、互相补充、互相
发明。

其他十四卷也都是本着两两对应的原则来编排的，只是从
标题上看，对卦式特点不像前面所举例子那样容易辨识，下面
试举几例加以说明。

卷五《贵德》是就施恩一方立论，《复恩》则主要是就受恩一
方立论。两篇合起来的主要意旨就是《复恩》篇首所说的"夫施
德者贵不德，受恩者尚必报；是故臣劳勤以为君，而不求其
赏，君持施以牧下，而无所德。"①即君主应施德而不图报，臣
下应受恩而以死相报。这是"以异相明"。

卷十三《权谋》论述的是权衡时势，随机应变以求趋利避害
的谋略。权谋有为公为私之分，为了防止偏失，卷十四《至公》
就论述大公无私是最大的公正。文中标举尧让位于舜而不传其
子的行为是"大公"，伊尹、吕尚二人忠君仁下、不结私党、不
营私家的行为是"人臣之公"。后卷意承前卷，二者之间的关系
可归为"以同相类"。

卷十七《杂言》和卷十八《辨物》尽管所言各异，但二者的宗
旨是相同的，都在卷首一段就对理想人格做了论述，表明了该
卷的中心议题。只不过两篇是就理想人格的两个侧面各作论
述，合起来，则是一个全面的理想人格所应具备的素质和修
养。《杂言》要求"贤人君子"能够清醒地认识到国家的盛衰成
败、安定与混乱的原因，明达世俗人情，知道应该何去何从。
也就是说，对他们的界定是就其政治智慧而言的。《辨物》对
"成人"的界定则重在通晓人情人性、各类事物的变化、光明与
幽暗的原因、宇宙生机的来源等方面，"穷神知化"是"成人"的
最高境界，对他们的界定是就其宇宙智慧而言的，侧重的是天

---

① （汉）刘向撰，向宗鲁校证：《说苑校证》，116 页。

道方面。这两卷的内在主旨与意蕴一脉相通，符合"以同相类"的编排宗旨。

《说苑》是按照两两相对的原则来编排书序的，或以同相类，或以异相明。这已经得到证明，还要进一步说明的是，这种编排在很大程度上得益于《周易》本经的对卦式结构。作出这一推测的理由有二：

1. 编纂者的知识结构提供了这种可能。刘向曾研习《易》经，这在史书中有明确记载。《汉书·楚元王传附刘歆传》："歆及向始皆治《易》"①，《汉书·儒林传·京房》："刘向校书，考《易》说"②，可见，刘向对《易》经是十分熟悉的。而且，在《说苑》之前，就目前经常见到的比较重要的典籍而言，只有《易》经是按照两两相对的原则编排的。

2. 《说苑》本身提供了内证。《说苑》是经过精心编撰的作品，刘向在《说苑序奏》中自云：

所校中书《说苑杂事》，及臣向书、民间书、诬校书，其事类众多，章句相溷，或上下谬乱，难分别次序。除去与《新序》复重者，其馀者浅薄，不中义理，别集以为百家，后令以类相从，一一条别篇目，更以造新事十万言以上，凡二十篇，七百八十四章，号曰《新苑》，皆可观。③

这几句夫子自道道出了作者所下的编撰功夫，说明该书的结构不是随便安排，而是有意为之的，是经过了一番"令以类相从，一一条别篇目"的着意加工的。这个加工过程，很有可能是借鉴、效仿了《周易》本经的结构方式。

---

① 《汉书》，第 36 卷，1967 页。

② 《汉书》，第 88 卷，3601 页。

③ （汉）刘向撰，向宗鲁校证：《说苑校证》，1 页。

第二节　包举宇宙式结构

沟通天地人，在著作的结构中体现宇宙意识，是《吕氏春秋》的创作宗旨及结构编排特点。这一特点并非无所依傍、自出机杼，而是其来有自的，其渊源便是《易》经。

《易》经的这个特点主要表现在以下两个方面：

1.《易》经卦象之后系以卦爻辞这个最基本的结构之中，蕴藏着沟通天地人的信息。《易》经共有六十四卦，卦象是由八个经卦重叠交错组合而成。依据《说卦》的解释，乾、坤、震、兑、坎、艮、离、巽八个经卦最基本的象征之物是：天、地、雷、泽、水、山、火、木，卦象全部取自自然现象。卦象来自自然，卦爻辞与人事密切相关。设立卦象的目的，也正在于对应解说人事，预测人事吉凶。这种卦象与文字相对应，天地自然万象与人事相对应的结构，包蕴着沟通天地人的意向。

2. 六十四卦上经和下经的编排中包蕴着沟通天地人的意向。《易》本经分为上、下两部分，上经三十卦，下经三十四卦。这种分经方式由来已久，在西汉前已经确定。为什么采用了这种分次，而没有采取每部分三十二卦、平分秋色的结构？这种结构编排，是不是隐含着编撰者的某种哲学思考？在仔细揣摩上经下经两编起首几卦的卦象和卦义之后，笔者若有所悟。上经起首两卦是《乾》和《坤》，象征天与地，讲的是天道与地道；下经首卦是《咸》，讲的是人道之始。这样，可以说，在对上下经分编的结构安排之中，蕴涵着天地人相呼应的关系。

《易》传对六爻来源的解说，揭示出《易》经隐含的沟通天人特性。《易·系辞下》曰：

易之为书也，广大悉备。有天道焉，有人道焉，有地道焉，兼三材而两之，故六。六者非它也，三材之道也。道有变动，故曰爻。①

《说卦》曰：

　　昔者圣人之作易也，将以顺性命之理，是以立天之道，曰阴与阳，立地之道，曰柔与刚，立人之道，曰仁与义。兼三才而两之，故易六画而成卦。分阴分阳，迭用柔刚，故易六位而成章。②

《易》传指出《易》经"广大悉备"的特点，即包容天地人，把六爻的来源和性质归结于作《易》者对天道、地道、人道的参照和取用。

　　为什么《易》经会有这样一种结构，是编撰者有意为之，还是无意而成？应该说，尽管后人对编撰者用意的推测与想象，可能并不完全符合其原创时的精神，但有一点是无可置疑的，即编撰者如此安排结构，绝非妙手偶得之，而是有总体构想的，否则不可能如此严整缜密。

　　《易》经沟通天人的结构编排体例，在秦代的《吕氏春秋》一书中得到回应。《序意》篇对该书的创作宗旨与目的作了如下说明："上揆诸天，下验之地，中审之人。"又说："天曰顺，顺维生；地曰固，固维宁；人曰信，信维听。"③这里，同样也对天道、地道、人道，即天地人的固有本质作了界定，确切表明其意在沟通天地人的创作目的和气魄。而且，编撰者的确是依照这个宗旨来设计全书结构的。在把沟通天地人这一宏大观念具体化在书的结构中时，《吕氏春秋》有自己的特点，与《易》经不尽相同。

　　《吕氏春秋》建构了一个象征性的时空构架，以此来实践沟通天地人这个结构原则。全书分为三部分：十二纪、八览、六

---

①　《周易正义》，见（清）阮元校刻：《十三经注疏》，90 页。

②　《周易正义》，见（清）阮元校刻：《十三经注疏》，93～94 页。

③　陈奇猷：《吕氏春秋校释》，648 页，上海，学林出版社，1984。

论。十二纪是按照春夏秋冬时间序列编排的，是时间纵向流程。而其八览和六论，则正如杨希枚先生所论："《吕氏春秋》的八览、六论也同样是或象地数，或象天地交泰之数；尤或隐寓六合、六虚、六漠、八极、八表、八弦之类的宇宙观思想。"①如此一来，十二纪包纳了春夏秋冬时间概念，八览和六论包纳了天地八方空间概念，二者合起来就是一个涵容天地的宇宙。

《易》经与《吕氏春秋》二书不仅在结构编排上有近似的特点，它们还具有几个共同的基本结构数字：四、八、六。

据《系辞上》的解释，八卦的产生是源于太一生两仪，两仪生四象，四象生八卦。所谓四象就是四时。八经卦排列组合，重叠成每卦六爻，衍生出六十四卦，三百八十四爻。那么，四、八、六也是《易》经的结构数字。《吕氏春秋》十二纪以春夏秋冬四时为序，共六十篇；八览每览八篇论文，共六十四篇；六论每论六篇，共三十六篇。这样，其基本结构数字也是四、八、六，与《易》经相同。

《易》经和《吕氏春秋》都有四、八和六这几个结构数字，二者之间是否存在联系，存在着怎样的联系？我认为，这几个基本结构数字都与时空概念密切相关，编撰者运用它们所要表达的哲学意蕴是一致的，都意在建构一个包举宇宙的时空框架。

四与春夏秋冬四时联系在一起。《易》经中对此没有明晰的反映，但是，《易》传的阐释揭示出四时在《易》经中具有的结构作用。《说卦》在解说八卦时，有这样一段以时空为线索的论述：

万物出乎震，震，东方也。齐乎巽，巽，东南也。……离也者，明也，万物皆相见，南方之卦也。……坤也者，地也，

① 杨希枚：《先秦文化史论集》，722 页，北京，中国社会科学出版社，1995。

万物皆致养焉，……兑，正秋也，万物之所说也，……战乎乾，乾，西北之卦也，言阴阳相薄也。坎者，水也，正北方之卦也，劳卦也，万物之所归也，……艮，东北之卦也，万物之所成终，而所成始也。①

这里把八卦解说成是按照时空序列组织的，在表述上采取了错综互文见义的方法，需要稍加辨识。作者把万物的生、养、归、终生命过程的完成与八卦联系起来，把空间方位与八卦相对应。虽然其中只把"兑"与时序相对应，认为"兑"时属正秋，但从这一条对应中，不难看出作者的总体思路：八卦与四时相对应。这段论述的实质是"说明八卦周流的时空结构，时即春夏秋冬，位为东南西北"②。

对《乾》卦卦辞中的"元亨利贞"四个字的解释，后人也不自觉地引入了四时的概念。宋代大儒朱熹释曰：

元者，生物之始，天地之德，莫先于此，故于时为春……亨者，生物之通，物至于此，莫不嘉美，故于时为夏……利者，生物之遂，物各得宜，不相妨害，故于时为秋……贞者，生物之成，实理具备，随在各足，故于时为冬……③

他把万物的生命流程和四时完全对应，并以此来解说"元亨利贞"。

《易》经的四时结构处于隐蔽状态，需要后人费力地猜测和钩抉。《吕氏春秋》十二纪以四时为序的结构特点则十分显著，而且，其中同样蕴涵着与四时相应的生命流程观念："春夏秋冬四纪，显系春言生，夏言长，秋言收，冬言藏。每纪所系之

---

① 《周易正义》，见（清）阮元校刻：《十三经注疏》，94页。

② 潘雨廷：《周易表解》，11页，上海，上海社会科学院出版社，1993。

③ （宋）朱熹撰、苏勇校注：《周易本义》卷九《文言传》，162页，北京，北京大学出版社，1992。

文，亦皆配合春生，夏长、秋收、冬藏之义。"①

八和六这两个数字经常与空间概念联系在一起。例如，《庄子·田子方》："挥斥八极"②。《荀子·解蔽》："明参日月，大满八极，夫是之谓大人。"③八极，就是八方。《楚辞·远游》："经营四荒兮，周流六漠。"洪兴祖补注："汉《乐歌》作六幕。谓六合也。"④《庄子·齐物论》："六合之外，圣人存而不论。"成玄英疏："六合者，谓天地四方也。"⑤《庄子·应帝王》："以出六极之外，而游无何有之乡。"成玄英疏："六极，犹六合也。"⑥《列子·仲尼》："用之弥满六虚，废之莫知其所。"⑦六漠、六合、六虚，指的都是上下四方立体空间。

《易》经包含着对八和六的哲学化因素，《易》传（主要是《系辞》和《说卦》）则完成了对它们的哲学化。在《易》传之后，人们很多时候把八这个数字解说为与《易》八卦相关。如《左传·昭公二十年》出现"八风"之说，孔颖达《正义》曰："八节之风亦与八卦、八音相配。贾逵云兑为金，为阊阖风也；乾为石，为不周风也；坎为革，为广莫风也；艮为匏，为融风也；震为竹，为明庶风也；巽为木，为清明风也；离为丝，为景风也；坤为土，为凉风也。"⑧司马迁《史记·太史公自序》中云："夫阴阳

---

① 陈奇猷：《吕氏春秋校释》，3页。

② （清）郭庆藩：《庄子集释》，见《诸子集成》，第三册，316页，北京，中华书局，1954。

③ （清）王先谦：《荀子集解》，见《诸子集成》，第二册，265页。

④ （宋）洪兴祖撰，白化文等点校：《楚辞补注》，174页，北京，中华书局，1983。

⑤ 《庄子集释》，见《诸子集成》，第三册，41页。

⑥ 《庄子集释》，见《诸子集成》，第三册，132页。

⑦ （晋）张湛：《列子注》，见《诸子集成》，第三册，49页。

⑧ （晋）杜预注、（唐）孔颖达等正义：《春秋左传正义》，第49卷，见（清）阮元校刻：《十三经注疏》，2094页，北京，中华书局，1980。

四时、八位、十二度、二十四节，各有教令。"裴骃《集解》引张晏注曰："八位，八卦位也。"①《大戴礼记·本命》曰："八者，维刚也，天地以发明，故圣人以合阴阳之数也。"北周卢辩注："八为方维，八卦之数也。"②

《吕氏春秋》把风与八个方位相配。文曰："何谓八风？东北曰炎风，东方曰滔风，东南曰熏风，南方曰巨风，西南曰凄风，西方曰飂风，西北曰厉风，北方曰寒风。"③在八览首篇《有始览》中提出八个方位，作者或有深意存焉。

第三节　序在书末的体例

古书序在书末的体例是学界共识，而且被用作一条考订古籍编次的重要依据。④ 对于这种体例的确定是从哪一部书开始的，前人曾有所议论。刘勰《文心雕龙·宗经》云："故论、说、辞、序，则《易》统其首。"他认为《易》开创了序这种文体，但对于具体的情形，则没有进一步加以说明。清代姚鼐在《古文辞类纂·序目》中指出："序跋类者，昔前圣作《易》，孔子为作《系辞》、《说卦》、《文言》、《序卦》、《杂卦》之传，以推论本原，广大其义。"⑤也就是说，《易》传是序跋文的始祖。虽然易传并非孔子所作，但认为序跋源于易传，则是很有见地的看

――――――――――

① 《史记》，第130卷，3290页。

② （清）王聘珍撰、王文锦点校：《大戴礼记解诂》，第13卷，252页，北京，中华书局，1983。

③ 陈奇猷：《吕氏春秋校释》，658页。

④ 除书末之序外，序还有书中各篇章前的小序类，如《诗》《书》之序，《史记》十二诸侯年表、六国表等年表前之序；以及刘向父子奏校书毕所作之序，这些不在本章论述之列。

⑤ （清）姚鼐纂集，胡士明、李祚唐标校：《古文辞类纂》，3页，上海，上海古籍出版社，1998。

法。为什么刘勰和姚鼐会持有这个观点呢？或者说，就哪个意义层面而言，序这种文体是由《易》开创的？

编排在《周易》经文后面的传文，共有七种，分为十篇。《彖》传解释卦名、卦义及卦辞。《象》传中的《大象》解释卦形所象之物及卦义，《小象》逐条解释爻辞。《文言》是对《乾》《坤》两卦卦义及每条爻辞的解说。《系辞》对《易》经的创制、功用及筮法，《易》道的广大精深作了反复的阐释。《说卦》主要阐述八卦的形成、性质及所象征之物。《序卦》解说六十四卦的编排次序。《杂卦》对六十四卦以两卦为一组来解释卦义，重在揭示其对立统一关系。

七种传文既非作于一时，又非出于一人之手。不过，把七种传文视为一个整体加以考察，它们涉及的内容则具有后世所说的序的特征。《易》传可以看做是从各个方面对《易》本经所作的一篇总序。也正是在这个意义上，刘勰和姚鼐才提出《易》（确切地说是《易》传）是序这种文体的本原。

这篇规模宏大、意蕴丰富的总序，为书序的编排位置、内容及行文风格，都提供了一个可资参考借鉴的范例。因而，可以说，序在书末的体例是从《周易》开始的。

从序所在的位置上看，尽管《周易》经传合编始于西汉，但传文的写定在经文之后，这点是确定无疑的。这些附在《易》经后面的传文，对其后著作中作者自序的位置很可能起到了启示作用。汉代作品中有这样几篇序比较重要，它们所在的位置无一例外，都是在书末，如《史记·太史公自序》《淮南子·要略》《法言·序》《汉书·叙传》《论衡·自纪》，再往后延伸，东晋常璩《华阳国志》的《序志》、葛洪《抱朴子》的《外篇自叙》、南朝刘勰《文心雕龙》的《序志》，也都是这种体例。

从书序的内容上看，《周易》的传文具有兼容并包的性质，涵盖了后代书序涉及的所有内容。后代的书序内容都能够在《易》传中找到与之相应的部分，找到它们的原初形态。

《易》传七种的内容大体包括以下几个方面：《易》卦的起源、《易》的功用、作者以及对《易》经具体内容的阐释。后代书序的内容也都不出这个范围，都选择了同样的角度，从以上《易》传所涉及的几个方面来为书作序。

《易》传的《系辞》和《说卦》对《易》的起源、创制目的等问题作了阐发。《系辞上》曰："圣人设卦观象，系辞焉而明吉凶。""易有太极，是生两仪。两仪生四象，四象生八卦，八卦定吉凶，吉凶生大业。"《系辞下》曰："古者包牺氏之王天下也，仰则观象于天，俯则观法于地，观鸟兽之文，与地之宜，近取诸身，远取诸物，于是始作八卦，以通神明之德，以类万物之情。"①创制《易》经的人是圣人，是远古传说时代的三皇之一包牺氏。八卦起源于天地四时的流衍运行，圣人参悟天地人万象，始作八卦，目的是为了预知人事的吉凶。

后代的书序也大都包含这类内容。《淮南子·要略》阐明作书目的："夫作为书论者，所以纪纲道德，经纬人事，上考之天，下揆之地，中通诸理。"②《史记·太史公自序》和《汉书·叙传》等自序都有类似的文字，说明创作的缘起、创作的目的。

《易》传中的《彖》传和《大象》，都阐述了《易》经六十四卦每一卦的精要意旨。在汉代书序中也能找到与之相对应的部分。《淮南子·要略》对全书二十篇各篇精神依次作了说明。《史记·太史公自序》对全书十二本纪、十表、八书、三十世家、七十列传的旨要逐一概括，《汉书·叙传》也对十二纪、八表、十志、七十传的主要内容分别精述。

《易》传中的《序卦》解说了六十四卦的编排顺序。例如，对

---

① 本段所引《系辞》原文，均出自《周易正义》，见（清）阮元校刻：《十三经注疏》，76、82、86 页。

② （汉）高诱注：《淮南子》，第 21 卷，见《诸子集成》，第七册，369 页，北京，中华书局，1954。

开始四卦《乾》《坤》《屯》《蒙》的内在逻辑联系，《序卦》给予这样的阐释："有天地，然后万物生焉。盈天地之间者唯万物，故受之以《屯》。屯者，盈也。屯者，物之始生也。物生必蒙，故受之以《蒙》。蒙者，物之稚也。"①先有天地（乾坤之象），然后才有万物生长。万物充盈于天地之间，所以接下来的是《屯》，因为屯有两个含义：一是充盈，二是万物始生。物生之始，是幼稚的；所以接下来便是《蒙》，蒙的意思就是指物初生时幼稚、浑朴的状态。以此类推，《序卦》揭示了六十四卦排序的内在关联。不论《序卦》作者的解释是否符合最初创制六十四卦之人的本来意图，《序卦》从卦序角度来理解整部《易》经的做法，还是可取的，有助于后人对全书整体结构以及每卦卦义的理解。

汉代序文中也不乏对该书排列顺序的解说。《淮南子·要略》篇"凡属书者，所以窥道开塞"一段，就论述了该书编排次序的内在逻辑结构。著书的目的在于窥知"道"的内涵，打开闭塞的知识之门；这说明了以《原道训》作为全书之首的原因。论述了道，如果不知晓道的终始，那么就不知依傍，于是论说终始问题；这是在解释为什么第二篇是《俶真训》。如果论说了终始问题，而不知晓天地四时，就不知道应避讳什么；这里解释了第三篇《天文训》、第四篇《地形训》、第五篇《时则训》排在《俶真训》之后的原因。如此等等，不必一一列举。就这样由上一个论题层层牵引出下一个论题，阐明了全书二十篇由天道而至人事、帝道之间的编排思路。显然，这部分与《易》传《序卦》的体例何其相似！

从行文风格上看，后代的序也与《易》传有着比较明显的对应关系。《序卦》和《杂卦》这两篇文章的行文都异常简明扼要。

---

① 《周易正义》，见（清）阮元校刻：《十三经注疏》，95页。

《杂卦》全篇仅三百余字，就把六十四卦各卦的宗旨解说得清清楚楚。通常每卦只用一两个字说其要义，如"《萃》聚，而《升》不来也。《谦》轻，而《豫》怠也。"①。《序卦》因重在解说顺序，故文字稍繁，也仅一千余字。其中说及各卦卦义时，大多数也是只用一两个字，点到即止，如"《蛊》者，事也"；"《贲》者，饰也"；"《渐》者，进也"；"《丰》者，大也"。②

汉代序文，如《史记·太史公自序》《扬子法言·序》《汉书·叙传下》，行文风格无一不与《序卦》《杂卦》相近，都是文字省净、言简意赅。

《太史公自序》论及各篇创作意图及旨要，基本上采用了以四言为主的短句，例如："末世争利，维彼奔义；让国饿死，天下称之。作《伯夷列传》第一。"③再如："楚汉相距巩洛，而韩信为填颍川，卢绾绝籍粮饷，作《韩信卢绾列传》第三十三。"④韩卢两人，每人只用四个字便道出了他们在两军对垒时的主要功劳，简要之极。

《汉书·叙传下》论述篇章大意，不仅全部采用了短句，而且还全部采用了四言诗的方式，进一步提炼了文字。如"《坤》作坠势，高下九则；自昔黄唐，经略万国；变定东西，疆理南北。三代损益，降及秦汉；革划五等，制立郡县；略表山川，彰其剖判。述《地理志》第八。"⑤不仅简明，而且还增加了声韵美，读来朗朗上口。

扬雄的《法言·序》篇幅很短，不像《淮南子·要略》《太史公自序》和《汉书·叙传下》等篇章那样内容丰富，多所涉及；

---

① 《周易正义》，见（清）阮元校刻：《十三经注疏》，96 页。
② 同上。
③ 《史记》，第 130 卷，3312 页。
④ 《史记》，第 130 卷，3315 页。
⑤ 《汉书》，第 100 卷下，4243～4244 页。

而是只依次说明全书十三卷各卷概要，文字尤其简省，大多只用寥寥的三五短句点明卷旨。例如，概述首卷《学行》，曰："天降生民，倥侗颛蒙，恣乎情性，聪明不开，训诸理。撰《学行》。"①全文风格如此。

简言之，《易》传对汉代序文在书中的位置、涉及的内容、行文的风格都起到了启示、制约甚至规范化的作用。当然，《周易》经传与后来撰著的序文也有很大的区别。《周易》经传的编撰出自多人之手，作传者与著经者并非一人，而汉代的序文，则是作者有意为之。这也从一个侧面证明汉代已经萌生了撰著自觉的精神，著书者要自己解说其撰述之苦心孤诣，以期他人能更好地理解其一家之言。

第四节 经传合编与论说文

《易》经成书较早，给经作传也较早。战国时期，已经撰定并广泛流传对《周易》古经所作的阐释说明文字，包括《彖》（上、下）、《象》（上、下）、《文言》、《系辞》（上、下）、《说卦》《序卦》《杂卦》七种，合称"十翼"。最初经传各自成书，自西汉费直，经传开始合编。经传合编，不只《周易》如此，秦汉典籍中还有一些作品也采取了这种结构编排方式，大体有以下三种。

1. 一部书为另一部书作传，合编在一起，如，为《诗经》所作的传文，毛氏传自郑玄作笺后，流传最广。《汉书·艺文志》载："《毛诗》二十九卷，《毛诗故训传》三十卷。"②据此，毛诗传是否和《诗经》编排在一起，还不太清楚。清人陈奂《诗毛

---

① （汉）扬雄著：《扬子法言》，见《诸子集成》，第七册，43页，北京，中华书局，1954。

② 《汉书》，第30卷，1708页。

氏传疏·叙录》推测其编排情况是"此盖以十五国风为十五卷，小雅七十四篇为七卷，大雅三十一篇为三卷，三颂为三卷，合为二十八卷，而序别为一卷。故为二十九卷。毛公作《故训传》，时以周颂三十一篇为三卷，而序分冠篇首，故合为三十卷。今分作三十卷者，仍毛诗旧也。"①由此看来，《毛诗》与《毛诗故训传》当为经传合编的方式。

2. 在同一部书中，部分篇章另外有传，传也编排在该书中。《管子》中有五篇这种经传式结构的作品。《牧民》(第一)有与其相对应的《牧民解》(第六十三，今亡)为它作传，《形势》(第二)有《形势解》(第六十四)，《立政》(第四)有《立政九败解》(第六十五)，《版法》(第七)有《版法解》(第六十六)，《明法》(第四十六)有《明法解》(第六十七)。《墨子》中《经上》《经下》两篇分别有《经说上》《经说下》两篇为它们作传。

《管子》的《形势解》《版法解》《明法解》是对应《形势》《版法》和《明法》三篇经文依次逐句作传。从这几篇作传的方式来推测，亡佚的《牧民解》也应该是这种逐句作传的方式。《立政九败解》逐句解说《立政》中"右九败"一段。

《韩非子》中的《解老》篇是为《老子》部分语句所作的传，全部都是理论阐说，《喻老》篇是用具体事例解说《老子》部分语句，以发明其意。这两篇也是经传体结构。《淮南子·道应训》篇选用列举了五十个历史故事和寓言，对《老子》部分语句作了生动形象的阐发，也属于经传式结构的篇章。

3. 在同一篇文章中，采取了经传式结构，前经后传。《管子》的《宙合》《心术上》，《韩非子》的《内储说》《外储说》等作品都采用了先列经义、再详加解说的经传式结构。

《宙合》和《心术上》两篇是在一文内明显分为两部分：前部

---

① (清)陈奂：《诗毛氏传疏》，11～12页，北京，中国书店，1984。

分是蕴涵哲理的格言式语句，后半部分是对前文的逐句解说和发挥。

《内储说》和《外储说》两篇也是如此，文章前为经，后为传。前文着重阐明观点，后文则就前文提到的典故、事例详加叙述。而且在前文结束时，明确标有"右经"字样。它们是十分典型的经传体结构。

把一部书的经传结构编排方式以同样的结构方式平移、微缩在一篇文章之中，就成为上面这种经传式结构的文章。从结构方式角度考察，这种类型的文章与前面两种书的结构编排是相同的，都采用了经传式结构，而且都能够在《周易》经传形式中找到可以与之相对应、相比照的部分。虽然不能说上面三种类型的著作和文章都是借鉴了《周易》经传合编的结构方式，但是可以说，《周易》传文包含了在它之前、与它同时和稍后于它的其他各种著作、文章中出现的所有传文样式，是经传合编这种结构编排方式的代表。

研究以《周易》为代表的经传体结构方式，能够对论说文这种重要文体的起源、发展和演变给出新的解释。可以说，以《周易》为代表的经传式结构编排体例，对论说文的结构，从深层思维方式角度起到了一定的启示和规范作用①。虽然《周易》经传合编是在西汉时确立的，但在此之前，给经作传早已流行于世，把经和传联系起来已经成为人们习惯运用的一种思维方式。这种经传体结构编排方式与论说文规范形态的形成，即经的部分演化成论说文中的论点，而传则演变为论据和论证。规范的论说文结构于是成为这样一种范型：首先提出论点，进而对论点一一加以论证解说，先总说，后分说，文章组织严密，结构严谨。

---

① 刘勰早就指出"故论、说、辞、序，则《易》统其首"(《文心雕龙·宗经》)，"圣哲彝训曰经，述经叙理曰论"(《文心雕龙·论说》)。

在从经传体文章向规范论说文转变的过程中，众体兼备的《韩非子》中存在不同形态的论说文，其中既有原始形态的经传式结构，也有由此演化而来的典型、规范的论说文，即已经发展成熟的先总说、后分说的论说结构；既呈现出过渡形态，也标示着论说文结构的确立，其中保存着论说文这种文体自原初形态至结构定型的演变、成熟轨迹。

《韩非子》中的《十过》和《三守》两篇的结构都可视为论说文的代表。《十过》可以分为两部分，前一部分也就是文章的第一段，是论点部分，相当于经；后一部分是其后的十段，是文章的论据和论证部分，相当于传。第一段首先提出"十过"这个概念，随即简要说明十过的内容，给十过分别下定义，仿佛一部书的目录；接着十个段落，都以"奚谓……"这样的问句开头，自问自答，用历史上的事例分别论述十过的含义和危害。全篇脉络非常清晰，结构十分严整。后代论说文大多都采用这种先总说、后分说的结构方式，自然而然地成为一种规范。

《史记·太史公自序》收录的司马谈《论六家要旨》一文也是先总说后分说的论说结构。文中司马谈论述了阴阳、儒、墨、名、法、道德六家学说的主旨。文章明显分为两部分，首段概述六家要义，接下来便用六小节依次对前面所提出的六家要义详加阐述。

贾谊的《新书·匈奴》和《陈政事书》两篇论文也是这种由经传式结构演化而来的文章。《新书·匈奴》在总说部分提出"建三表、设五饵"的总纲，随后的议论就围绕"三表"和"五饵"的具体含义、如何"建""设"它们而展开。《陈政事书》也是一篇先总说、后分说结构的论说文。开篇先声夺人，提出"臣窃惟事势，可为痛哭者一，可为流涕者二，可为长太息者六"[1]，这

---

① 《汉书·贾谊传》，第48卷，2230页。

是文章的总说部分。分说部分则就三个"可为"逐项解说、论证。这两篇文章都一气呵成，首尾呼应，它们清晰的脉络、严整的结构使读者能够很容易地把握作者的思路，理解作者的观点。

以《周易》为代表的经传体结构编排方式，是后世论说文先总说、后分说结构的始祖，二者之间存在隐约然而又是确实的关系。经传式结构在论说文文体结构的形成和确立过程中起到了一定程度的作用。当然，论说文的起源，不仅仅是本章论及的这一种，它还包括其他诸多方面的因素，具有多源性。

第二章
《尚书》的文体分类及行为与文本的关系

　　《尚书》历来以文类多而受人瞩目。对《尚书》进行文体分类，是《尚书》研究中的一个重要课题，前人之说颇多。然而，《尚书》篇名的命名方式与文体分类的关系、六体名义与篇章归属等旧题目，仍有进一步辨析、探讨的必要。从行为与文本的关系角度切入，考察《尚书》文本体例特征，则尚未引起人们的关注。本章以今古文《尚书》为考察对象，拟就上述问题提供一种解说。

第一节　前人的分类

　　对《尚书》包含的文章类别，古人主要有两种说法。一、《书》有六体。伪孔安国《尚书序》曰："典谟训诰誓命之文，凡百篇。"①二、《书》有十体。唐孔颖达《尚书正义·尧典正义》曰："检其此体，为例有十。一曰典、二曰谟、三曰贡、四曰歌、五曰誓、六曰诰、七曰训、八曰

---

　　① （汉）孔安国传、（唐）孔颖达等正义：《尚书正义》，见（清）阮元校刻：《十三经注疏》，114页。

命、九曰征、十曰范。"①《尚书序》没有对具体篇章做明确的归类，《正义》则把今古文四十八篇做了分类。孔颖达先把篇名有典谟等十体字样的归入各体，然后，再根据对十体名义的理解，把其余篇名没有典谟等字样的篇章分别归入十体。

《书》有六体的分类法，影响深远。直到近当代，还有很多学者认同这个观点，或者在六体的基础上，再行归类，俨然形成一个传统。主要有如下几家。

唐刘知幾《史通•六家》云："盖《书》之所主，本于号令，所以宣王道之正义，发话言于臣下。故其所载，皆典、谟、训、诰、誓、命之文。"②

宋林之奇《尚书全解》云："《书》之为体虽尽于典、谟、训、诰、誓、命之六者，然而以篇名求之，则不皆系以此六者之名也。虽不皆系于六者之名，然其体则无以出于六者之外。"③

鲁迅："书之体例有六：曰典、曰谟、曰训、曰诰、曰誓、曰命，是称六体。"④

钱宗武分成四种体式：典、训诰、誓、命。⑤

六体或十体，虽然数目不同，但分类的思路是相同的，都是依据《尚书》篇名末字来区分文章体类。

也有从不同角度审视《尚书》文体类别的，主要见于关于文

----

① 《尚书正义》，见（清）阮元校刻：《十三经注疏》，117 页。

② （唐）刘知幾撰，（清）浦起龙通释：《史通通释》，2 页，上海，上海古籍出版社，1978。

③ 《影印文渊阁四库全书》，第 24 卷，第 55 册，445 页，台湾，商务印书馆，1987。

④ 鲁迅：《汉文学史纲要》，6 页，北京，人民文学出版社，1973。

⑤ 钱宗武：《今古文尚书全译》，1～2 页，贵阳，贵州人民出版社，1990。

体源流的论述中。① 这类论述，研究对象不是《尚书》文体类别，离本章论题较远，这里不拟涉及。不过，清代曾国藩的《经史百家杂钞》显得有些特别。他将文体分为著述门、告语门、记载门三门，各门又分有小类，共十一类。虽然并没有专门对《尚书》篇章进行文体分类，但其中四门共九类列有《尚书》篇章，计 23 篇。② 涉及篇目甚多，间接提供了另一种对《尚

---

① 将后代某种文体溯源至《尚书》的论述很常见。古代较早的如北齐颜之推"诏命策檄，生于《书》者也"（颜之推：《颜氏家训》，见《诸子集成》，第八册，19 页，北京，中华书局，1954）。南朝刘勰《文心雕龙·宗经》："诏策章奏，则《书》发其源。"（范文澜注：《文心雕龙注》，22 页，北京，人民文学出版社，1958）刘勰在具体论述赞、史传、诏策、檄、封禅、章表、奏启、议对、书记等各种文体时，都溯源至《尚书》。

② 曾国藩云：著述门，三类。论著类，著作之无韵者。经如《洪范》、《大学》、《中庸》、《乐记》、《孟子》皆是；……词赋类，著作之有韵者。经如《诗》之《赋》、《颂》，《书》之"五子之歌"皆是；……序跋类，他人之著作序述其意者。经如《易》之《系辞》，《礼记》之《冠义》、《昏义》皆是；……

告语门，四类。诏令类，上告下者。经如《甘誓》、《汤誓》、《牧誓》等，《大诰》、《康诰》、《酒诰》等皆是；……奏议类，下告上者。经如《皋陶谟》、《无逸》、《召诰》，及《左传》季文子、魏绛等谏君之辞皆是；……书牍类，同辈相告者。经如《君奭》，及《左传》郑子家、叔向、吕相之辞皆是；……哀祭类，人告于鬼神者。经如《诗》之《黄鸟》、《二子乘舟》，《书》之《武成》、《金縢》祝辞，《左传》荀偃、赵简告辞皆是；……

记载门，四类。传志类，所以记人者。经如《尧典》、《舜典》，《史》则《本纪》、《世家》、《列传》，皆记载之公者也；……叙记类，所以记事者。经如《书》之《武成》、《金縢》、《顾命》，《左传》记大战、记会盟，及全编皆记事之书，《通鉴》法《左传》，亦记事之书也；典志类，所以记政典者。……杂记类，所以记杂事者。……（曾国藩：《经史百家杂钞·序例》，1～3 页，长沙，岳麓书社，1987）

除《序例》涉及的篇目，所收文章中，还有如下各篇。告语门诏令类：《吕刑》《文侯之命》《费誓》《秦誓》。记载门典志类：《禹贡》。

书》分类的思路。

陈梦家认为孔颖达十分法"乃取《古文尚书》篇名末字，自不足据"，他将《尚书》大体分为三类：诰命、誓祷、叙事。①前两类之名基本用原书篇名，第三类叙事则就表达方式而言。可以看出他力图推翻前人分类的努力，但并未能完全跳出前人的思路。

根据上述情况，可以提出这样几个问题：为什么《书》分六体比其他分类法更广为人们接受？为什么给《尚书》文体分类，显得比较混乱？有没有可能找出一个统一的标准？

第二节 篇章命名方式与文体分类

既然《尚书》文类的区分，主要来自于篇名，那么篇名与文类有密切的关系是毋庸置疑的。随即而来的问题是，篇名是如何确立的？即，《尚书》篇章的命名方式是怎样的？命名方式与文体分类之间存在何样的联系？解决了这些疑问，才能够进一步考察与此相关的一系列问题。

对《尚书》的命名方式，前人已有论述。孔颖达在将《尚书》篇名中所谓十体之名的篇章分入十体后，总结说"此各随事而言"②。对于其他篇章的分类，关系命名方式的还有一点是"因其人称言以别之"③。章学诚认为"因事命篇"，"惟意所命"④。

他们都是就总体情况概言之，如果换个角度仔细分析，还

---

① 陈梦家：《尚书通论》(外二种)，348～349 页，石家庄，河北教育出版社，2000。

② 《尚书正义》，见(清)阮元校刻：《十三经注疏》，117 页。

③ 同上。

④ (清)章学诚著，叶瑛校注：《文史通义校注·书教上》，30、31页，北京，中华书局，1985。

有多种情形。据孔颖达《尚书正义》，篇名共 50 个。从词类结构上考察，可分为以下五种类型：

1. 人（国）名：益稷、微子、太甲（上中下）、盘庚（上中下）、君奭、君陈、君牙、多士、多方。

2. 人名＋名词：尧典、舜典、高宗肜日。

3. 专有名词（人名、地名）＋动词。

（1）人名＋动词（动词性词组）：大禹谟、皋陶谟、禹贡、汤誓、秦誓、汤诰、康诰、召诰、伊训、说命（上中下）、毕命、冏命、胤征、吕刑、西伯戡黎。

（2）地名＋动词：甘誓、牧誓、费誓、洛诰。

3. 人（名）＋之＋动词：五子之歌、仲虺之诰、康王之诰、微子之诰、蔡仲之命、文侯之命。

4. 形容词、名词（文章的内容、性质）＋动词：泰誓（上中下）、大诰、酒诰、洪范。

5. 其他（文章中心内容、议题、线索）：咸有一德、无逸、旅獒、金縢、梓材、周官、顾命、武成、立政。

由命名方式，可以看出《尚书》命名的几个特点：

1. 命名的角度不同。

2. 以人和行动为中心。50 个篇名中，有人名的，32 篇；尾字是动词的，29 篇。都占半数以上。二者交叉的有 19 篇。

3. 篇名尾字名词或动词有的反复出现。典：2 次。谟：2 次。命：5 次。誓：6 次。诰：9 次。这 5 个反复出现的篇尾动词，恰恰是广为接受的六体中的 5 个。六体中只有训在篇名中并未反复出现，而只有一篇《伊训》。

4. 反复出现的 4 个篇尾动词，全部与言说动作有关，字的构件都有"言"或"口"。

5. 有些动词渐变成名词。在以"人名＋之＋动词"结构方式中，结尾的动词，实际上已经是名词。其中，只有《文侯之命》一篇是今文，其余五篇都是古文，而且《文侯之命》所记史事在《尚书》中也比较晚。

6. 凡篇名为"人名＋(之＋)诰"结构的，无一例外，篇名中的人，都是动作的发出者。

7. 凡篇名为"人名＋(之＋)命"结构的，无一例外，篇名中的人，都是动作的接受者。

由于有的篇名本身末字动词多次反复，有类的归属，因而，这种命名方式实际上就启发、引导，甚至暗中制约、规定着人们以篇名末字来对《尚书》文体进行分类，并将所有篇章纳入到六体规范中。从现实操作角度看，这种分类法的确方便可行。在文类观念并没有特别确定之时，应当说，这种分类法具有很强的合理性，因此，历来人们都愿意接受。

这种分类法的具体实践，显然关涉一个问题：对于那些篇名没有六体之名的篇章，根据什么将它们归入六体中去？这就涉及对六体名义的理解。

第三节　六体名义辨析及篇章归属

伪孔安国《尚书序》虽然提出六体之名，但既没有对六体之义做确切的阐释，也没有对具体篇章进行归类，所以人们难以确知他所谓的六体体名之下，究竟包含何样的义。孔颖达认为书有十体，与六体相同之外的四体，各只有一篇。实际上，以一篇立体，类的力量明显不足，难以服人。他在将篇名含所谓十体之名的篇章分别纳入十体后，在对其余篇名不含十体的篇章分类时，昭示出他的分类依据是缘于对文章内容的把握，对体名之义的理解。① 关于训，《尧典正义》曰："其《太甲》、《咸有一德》，伊尹训道王，亦训之类"，"《旅獒》戒王，亦训也"，

---

① 《立政》和《微子》两篇，孔颖达在《尧典正义》集中对《尚书》进行文体分类时没有提及，不知何故。

"《无逸》戒王，亦训也"。① 孔颖达认为，臣训导、告戒王，称为训。关于诰，《尧典正义》曰："《西伯勘黎》云祖伊恐奔告于受，亦诰也。""《武成》云识其政事，亦诰也。""《多士》以王命诰，自然诰也。""《君奭》，周公诰召公，亦诰也。""祝亦诰辞也"，"《多方》《周官》，上诰于下，亦诰也。""《吕刑》，陈刑告王，亦诰也。"②上诰下，颁布王命，臣以事告君，祝辞都称为诰。

而且，对于篇名无十体的篇章，孔颖达将它们绝大多数归入诰训两体，其余，谟一篇，"自为一体"的一篇，命两篇，没有一篇归入六体以外的四体之中。这也证明了六体的涵容性与概括性。那四篇各为一体的篇章，可不可以归入到六体中去？答案是可以，具体详见下文。

六体体名之义，孔氏只是一说，还有诸种解释。③ 如"典"谓经籍。(《五子之歌》"有典有则"孔安国传)会同曰"诰"。(《甘誓》"子誓告汝"马融注)军旅曰誓。(《大禹谟》"禹乃会群后誓于师"孔安国传，《甘誓》"予誓告汝"马融注)明代吴纳曰："帝王之言，……道其常而作彝宪者谓之'典'；陈其谋而成嘉猷者谓之'谟'；顺其理而迪之者谓之'训'；属其人而告之者谓之'诰'；即师众而誓之者谓之'誓'；因官使而命之者谓之'命'"。④朱自清认为："平时的号令叫'诰'，有关军事的叫'誓'。君告臣的话多称为'命'；臣告君的话却似乎并无定名，

---

① 《尚书正义》，见(清)阮元校刻：《十三经注疏》，117页。

② 同上。

③ 先秦两汉典籍中多有六体之名，但不是专门对《尚书》中出现的六体名作释义的，这里没有论及。

④ (明)吴纳著、于北山校点：《文章辨体序说》，12页，北京，人民文学出版社，1962。

偶然有称为'谟'的。"①刘起釪论曰："'诰'是君对臣下的讲话，
'谟'是臣下对君的讲话，'誓'是君主誓众之词，而且多是军事
行动的誓词，'命'为册命或君主某种命词，'典'载重要史事经
过或某项专题史实。"②钱宗武说："1. 典，主要记载古代典
制。2. 训诰，主要是训诫诰令，包括君臣之间、大臣之间的
谈话以及祈神的祷告。3. 誓，主要是君王诸侯的誓众词。
4. 命，主要是君王任命官员或者赏赐诸侯的册命。"③

　　上述诸种理解中，除誓、命两种体类的含义基本一致外，
其他四种则不甚相同。

　　由于对体类之名的理解和阐释不同，所以，同样运用六体
概念(或多于或合并)来进行分类的学者，对于某些篇章归属的
意见也不一致。同一篇文章，在不同的人的观念里，属于不同
的体类。比如《顾命》，孔颖达划入命体，钱宗武归入典体。孔
氏划归谟体的 3 篇《大禹谟》《皋陶谟》《益稷》，歌体《五子之
歌》，以及 5 篇训体《伊训》、《太甲》(上中下)、《咸有一德》《旅
獒》和《无逸》，钱氏都归入诰类。孔氏归入诰类的《吕刑》《周
官》《康王之诰》3 篇，钱氏划归典类。

　　产生理解与阐释的途径有二：一是考察《尚书》中冠以某体
之名的篇章，根据这些篇章的内容及应用等方面的特点，来还
原出最初的名之义。二是脱离《尚书》这个特定语境，单纯从字
义、字形本身的解释入手，再考察《尚书》篇章内容、形式及应
用等特征，将符合体类名某个义项的篇章，划归此体。两条途
径，有时可以分清，有时好像很难截然分开。孰先孰后，孰主
孰次，颇有些纠缠不清。不过，总体上看，孔颖达的理解、阐
释及篇章归类，倒更多地扣紧了《尚书》文本所提供的语境，尽

①　朱自清：《经典常谈》，20 页，北京：三联书店，1998。
②　刘起釪：《尚书学史》(订补本)，9 页，北京，中华书局，1989。
③　钱宗武：《今古文尚书全译》，1～2 页。

管也并未尽善尽美，而笔者所见到的其他各家分类，则较多地流露出第二条途径的印迹。

六体在《尚书》文本中的义项，大概可归纳出如下若干种。限于篇幅，每种义项只举一例为证。

1. 典。(1)历史文献。《多士》："王曰：'猷！告尔多士。……惟尔知惟殷先人有册有典，殷革夏命。'"(2)主管，掌管。《吕刑》："王曰：'嗟！四方司政典狱。'"(3)常。《微子之命》："王若曰：'钦哉！往敷乃训，慎乃服命，率由典常，以蕃王室。'"(4)法。《康诰》："王曰：'呜呼！封。敬明乃罚。人有小罪非眚，乃惟终，自作不典；式尔，有厥罪小，乃不可不杀。'"①

2. 谟。(1)谋议。《伊训》："呜呼！嗣王祗厥身，念哉！圣谟洋洋，嘉言孔彰。"(2)谋略。《君牙》："王若曰：'呜呼！丕显哉，文王谟；丕承哉，武王烈。'"②

3. 训。(1)臣教导、告戒君王。《太甲中》："王拜手稽首曰：'予小子不明于德，……既往背师保之训，弗克于厥初，尚赖匡救之德，图惟厥终。'"(2)君王告戒臣下。《盘庚》："王命众，悉至于庭。王若曰：'格汝众。予告汝训：汝猷黜乃心，无傲从康。'"(3)历史文献。《毕命》："弗率训典，殊厥井疆，俾克畏慕。"(4)先王之教。《太甲》："伊尹曰：'兹乃不义，习与性成。予弗狎于弗顺，营于桐宫，密迩先王其训，无俾世迷。'"(5)顺。《立政》："呜呼！孺子王矣！……则罔有立政，用憸人，不训于德，是罔显在厥世。"(6)解说。《高宗肜日》：

---

① 本段所引《尚书》原文，均出自《尚书正义》，见(清)阮元校刻：《十三经注疏》，220、249、200、203页。

② 本段所引《尚书》原文，均出自《尚书正义》，见(清)阮元校刻：《十三经注疏》，163、246页。

"乃训于王。"①

4. 诰。以言语约戒。(1)帝王对大众讲话。《大诰》："王若曰：'猷，大诰尔多邦，越尔御事。'"(2)臣相告。《君奭》："公曰：'君！予不惠若兹多诰。'"(3)臣告君的文书。《仲虺之诰》："成汤放桀于南巢，⋯⋯仲虺乃作诰，曰：'⋯⋯'"(4)臣对君讲话。《太甲下》："伊尹申诰于王曰。"

5. 誓。出师时的帝王讲话，约戒。《大禹谟》："禹乃会群后誓于师。"②

6. 命。(1)天的意志。《汤誓》："有夏多罪，天命殛之。"(2)国家的命数。《西伯戡黎》："天既讫我殷命。"(3)帝王使臣下做某事。《盘庚上》："王命众，悉至于庭。"(4)帝王的政令，指令。《康王之诰》："群公既皆听命，相揖趋出。"(5)官员指派工作。《金縢》："二公命邦人，凡大木所偃，尽起而筑之。"(6)委任职官。《冏命》："今予命汝作大正。"(7)帝王登基。《顾命》："太史秉书，由宾阶阶，御王册命。"(8)问龟。《金縢》："今我即命于元龟。"③

《尚书》文本中六体之名，除"誓"每次出现都与军旅有关以外，其余五体之名，都有多个义项。而且，《尚书》文本中，典谟训诰誓命，有某两词连用的情况。典谟，谟训，训典等。这说明，在某一个义项上，六体是有共性的。诰训命誓，都是君臣之言，都有告教、约戒、使之正，使之听从的意思。这是它们编成一书的原因。但是，史官既然用它们来为篇章分类命名，那么侧重的就是它们含义的区别，在分类命名时，某一名

---

① 本段所引《尚书》原文，均出自《尚书正义》，见(清)阮元校刻：《十三经注疏》，164、169、245、164、232、176 页。

② 《尚书正义》，见(清)阮元校刻：《十三经注疏》，137 页。

③ 本段所引《尚书》原文，均出自《尚书正义》，见(清)阮元校刻：《十三经注疏》，160、177、169、244、197、246、240、196 页。

特别强调其诸多义项的某一面或某几面。

最典型的是誓。先秦其他典籍中誓并不少见，很多情况下都与师旅无关。《尚书》中凡篇名有"誓"的，则非常明确，都出现在与军旅相关的场景下。这有两种可能：一是誓最初只限于用军事。二是史官有意的删定，将与军事无关的都删去了。据此，《胤征》是胤侯征讨羲和的出师誓辞，也当划入誓体。

其次是命。以命为体类之名，强调的是委任官职这个义项。据此，《君陈》记载成王命君陈治东郊，《君牙》记载周穆王命君牙任大司徒，都当划入命体。

其他各体之义，都有其特别强调的一个义项或某几个义项。有的从《尚书》文本出现的六体名称所含义项中可以看出。谟：强调谋议，君臣对话。训：强调臣教导、告戒君王。有的仅从《尚书》文本各义项中，还看不太清楚。有的虽然看出差异，但还需要阐释。下面，将从另一个角度进一步辨析。

从篇名有六体之名的篇目考察，大致可以勾勒出六体篇名不同的层次。

（一）记载史事的时间段。虞书（传说时代）：典谟。夏书：誓。商书：誓诰训命。周书：誓诰命。

第一个层次的考察，排除了典谟两体。典谟两体都在虞书中。大多数学者认为虞书在《尚书》中从年代上看虽是最早，但实际成篇较晚。可以看出，典谟二体的命名，反映了后人尊崇往古的观念。东汉许慎《说文解字》释"典"曰："从册在丌上，尊阁之也。"①特别强调时间上的久远，目的是树立高大的上古

---

① （汉）许慎撰，（清）段玉裁注：《说文解字注》，200页，上海，上海古籍出版社，1981。傅修延认为："《尧典》述载尧舜的言行，自然被人视为经典，但尧舜远在书册出现之前，因此'典'字必为后世的尊崇者所加。"（傅修延：《先秦叙事研究》，161页，北京，东方出版社，1999）

圣君贤臣形象。

典谟两体的区分：（1）政治等级上下尊卑。典称帝事。谟以臣名。《大禹谟》篇是舜帝与大禹等臣的谋议。（2）谟的名义。谟，谋议。

（二）训诰誓命的区分。

（1）特殊语境与用途：誓——师旅，命——委任职官、奖赏有功。（2）发言人与受言人的上下级关系：上行还是下行，上对下还是下对上。上对下：诰。下对上：训。（3）命名强调发言人还是受言人。诰与命都是上对下。但从命名上，以诰字名篇，且有人名的，人都是发言者；而以命字名篇，且有人名的，人都是命的接受者。

（三）与六体名的义项（《尚书》之外）有关。

典，字形是文献放在几案上，意味着不是普通的历史文献，而是具有垂范后世意义的典籍，具有崇高的地位。

谟，除谋议外，还有"知"和"接"的意思。《庄子·庚桑楚》："知者，接也；知者，谟也。"①知又有匹的意义。《尔雅·释诂》："知，匹也。"②《诗经·卫风·芄兰》有句曰："能不我知""能不我甸"③，《诗经·桧风·隰有苌楚》有"乐子之无知""乐子之无家""乐子之无室"④诸句。这两首诗中的知，指的都是匹偶，配偶。谟有知、接的意思，君臣谋议就蕴涵着君臣相偶相得的意思。《益稷》篇，时代为虞书，内容是舜和禹（君臣）

---

① （清）王先谦：《庄子集解》，《诸子集成》，第三册，153 页，北京，中华书局，1954。

② （晋）郭璞注、（宋）邢昺疏：《尔雅注疏》，见（清）阮元校刻：《十三经注疏》，2569 页。

③ （汉）毛公传、郑玄笺，（唐）孔颖达等正义：《毛诗正义》，见（清）阮元校刻：《十三经注疏》，326 页。

④ 《毛诗正义》，见（清）阮元校刻：《十三经注疏》，382 页。

的对话，篇章以臣名命名，因此，当归入谟体。

训除了强调不要做某事之外，还有另一个意义——知识的传授和解说。从这个角度考察，《尚书》中的训体包括两方面的内容：一是自然地理知识的解说、传授。《禹贡》可归入此类。二是社会政治知识的解说、传授。《高宗肜日》记祖己为高宗解释雉鸣于鼎耳的现象，当为训体。自然地理与社会政治的划分只是相对的，还有综合自然和人文社会两方面内容的训导文，《洪范》即是一例。箕子为周武王说九种大法，这里有知识的传授，也含有政教方面的劝导之义。这类训体在《逸周书》中颇多，如《度训解》《常训解》《命训解》《明堂解》《王会解》《谥法解》《职方解》等。将《高宗肜日》列入训体，前人也是这样分类的。孔颖达："《高宗肜日》与训序连文，亦训辞可知也"。① 在这条里，他其实对于训名义的特质并没有作出解释。②

诰。《尚书》文本中，诰出现多次，而且从上下级关系上看，各种情形都有。让人难以一下子找到其特质。其实，狭义的诰，指的是上告下。所谓上告下，可以从两个方面理解。一是从政治尊卑角度，指君告臣，上级官员对下级官员的告语。君告臣类有：《盘庚》，《大诰》《多方》《多士》（这三篇为周公代成王发命），《吕刑》（周穆王论刑），《周官》（周成王宣布官制的诰令），《武成》（虽前后有叙事，但主体是武王诏告之言），《洛诰》（虽然有周公对成王的告语，但文末说"王命周公后，作册逸诰"③，表明此篇最后的落脚点在将周公与成王的问答昭告

---

① 《尚书正义》，见（清）阮元校刻：《十三经注疏》，117 页。

② 对"训"的论述，详见本书第五章第一节"训的内涵及体类特征"。

③ 《尚书正义》，见（清）阮元校刻：《十三经注疏》，217 页。

天下。①上级官员对下级官员的告语类有:《康诰》《酒诰》《梓材》,这三篇都是周公告康叔;《君奭》篇是周公答召公,周公的地位比康叔、召公重要。二是从宗法制度下的血缘关系角度理解,指长辈对晚辈的告语。《召诰》是召公告成王,《立政》是周公告成王,这两篇属于此类。政治尊卑这个角度是很容易让人想到的,而长对幼这个角度,则往往被人们忽略。如徐师曾在"诰"条目下云:"按字书云:'诰者,告也,告上曰告,发下曰诰。'古者上下有诰。故下以告上,《仲虺之诰》是也;上以告下,《大诰》、《洛诰》之类也。考于《书》可见矣。"②他没能将"发下曰诰"这层意思从多个角度理解,思路局限在政治等级上,没有揭示出诰含义的特质,有点可惜。

诰意义重大,这点从其他文献中也可得到参证。《易·姤》的《象》传云:"后以施命诰四方。"③诰,特指帝王下布重要命令。至于臣告君这一行为,在《尚书》中用另外的词。《商书·西伯勘黎》第一段云:"西伯既勘黎,祖伊恐,奔告于王。"④这里,西伯对纣王的讲话,臣对君,用的是"告",而不是"诰",二者是有差别的。后来,这差别被逐渐淡化,诰也涵盖了告的

---

① 王国维解释"作册逸诰"云:"诰,谓告天下。成王既命周公,因命史佚书王与周公问答之语,并命周公时之典礼,以诰天下,故此篇名《洛诰》。"(王国维:《观堂集林》,第一册,39页,北京,中华书局,1959)

② (明)徐师曾著、罗根泽校点:《文体明辨序说》,115页,北京,人民文学出版社,1985。

③ 《周易正义》,见(清)阮元校刻:《十三经注疏》,57页。

④ 《尚书正义》,见(清)阮元校刻:《十三经注疏》,177页。

意思。臣和臣之间的告语，臣告君的话，都称为诰。① 从篇章的命名看，《尚书》百篇序中，某些篇章已经被归入诰体。《仲虺之诰》序云："汤归自夏至于大坰，仲虺作诰。"②《微子》序云："殷既错天命，微子作诰父师、少师。"③这又影响了后来人们对诰含义的理解，忽略了这是词义外延扩大、变迁之后产生的现象，并非诰之初义。尽管如此，人们在使用诰这个词的时候，很多时候仍偏重于其为帝王重要言辞这个基本义项。所以，孔颖达说："夫《书》者，人君辞诰之典。"④

综上所述，笔者将《尚书》按六体归类如下。

典：尧典　舜典

谟：大禹谟　皋陶谟　益稷

誓：甘誓　泰誓（上中下）　汤誓　牧誓　费誓　秦誓
胤征

诰：汤诰　大诰　康诰　酒诰　召诰　洛诰　康王之诰
仲虺之诰　盘庚（上中下）

西伯勘黎　武成　梓材　酒诰　多士　君奭　多方　周官
吕刑　微子

训：伊训　太甲（上中下）　咸有一德　旅獒　无逸
五子之歌　禹贡　洪范　高宗肜日

命：说命（上中下）　微子之命　蔡仲之命　顾命　毕命

---

① 文体名含义类似的变迁，并非仅此一例。刘勰《文心雕龙·诏策》指出诏名义的变化，曰："《诗》云：'有命自天。'明命为重也。《周礼》曰：'师氏诏王。'明诏为轻也。今诏重而命轻者，古今之变也。"王运熙、周锋注云："诏：告，此指下告上，秦以后'诏'才专用于帝王的诏书。"（王运熙、周锋：《文心雕龙译注》，177 页，上海，上海古籍出版社，1998）

② 《尚书正义》，见（清）阮元校刻：《十三经注疏》，161 页。

③ 《尚书正义》，见（清）阮元校刻：《十三经注疏》，177 页。

④ 《尚书正义》，见（清）阮元校刻：《十三经注疏》，110 页。

冏命　文侯之命　君陈　君牙

其中，《五子之歌》韵文，与其他篇章都不同。但是，笔者这里的分类，不是从语言形式，而是从名之义及其他上述各项区分的层次着眼，从六体名义上看，《五子之歌》的内容近于训体。

此外，《金縢》难以纳入六体。《金縢》中有一段周公祝祷文，全文体制颇奇。孔颖达指出其自成一体，后来的学者也表示了相同观点。这里亦不愿强行将它派入某类。《尚书》今古文共 49 篇，仅有一篇不能纳入六体，这再一次证明六体具有高度的涵盖性。也再一次证明，人们历来接受的《书》分六体的观念虽然称不上现代意义上的所谓科学，但的确是合理的。

第四节　名与体例及行为与文本的关系

我们现在通常接受的《书》分六体的说法，实际上经过两次分类。第一次是记载史事、整理历史文献的史官将文章分类、命名。第二次是学者接受了史官的命名，再根据史官所命篇名，参之以个人对六体名义及文章内容的理解，来对《尚书》进行分类。无论是最初完成历史文本的史官，整理文献而给文本命名的史官，还是后来较早概括《尚书》文本体类的人，都没有从现代意义上所谓的文体构成诸要素（篇章本身的结构体制、语言、审美特征、功能）角度去综合考察各个文章文本，从而进行分类。①

既然《尚书》分门别类、确立体类之名的过程中，与文本本身的结构体制、语言风貌、审美特征等文体因素关系较远，那

---

①　姜亮夫指出："求之于《尚书》中的典谟训诰之类，并不是因为要分别文体形式，才锡以嘉名。"（姜亮夫：《文学概论讲述》，128～129 页，昆明，云南人民出版社，2000）

么，这是不是就意味着名与体例是分离的？六体名义与文本体例之间是否存在比较稳定的联系，即是不是一定的名会相应有一定的体？还有，从现代意义所谓结构体制、语言风貌、审美特征等角度考察《尚书》六体的文体特征，是否可行？

　　《尚书》名与体例的关系，前人早有论述。说法虽然不同，但观点趋于一致。孔颖达云："《书》篇之名，因事而立，既无体例，随便为文。"①刘知幾在论述《书》分六体之后，云："至如尧、舜二典，直序人事；《禹贡》一篇，唯言地理；《洪范》总述灾祥，《顾命》都陈丧礼；兹亦为例不纯者也。"②章学诚曰："而典、谟、训、诰、贡、范、官、刑之属，详略去取，惟意所命，不必著为一定之例焉。"③

　　他们认为，很大程度上，名与体，义与例，二者是分离的。因为名的确立是因事而立或惟意所命，也就是说，具有很强的权变性、主观性、不规则性。成文时，没有特别的制约。所以，名之下，无体例，也不必规定体例。也就是说，不可以也没必要据名义以求体例。

　　这种看法，有一定的道理。然而，既然在一定的名下，有若干篇文章，这若干篇文章归为一类，除了名的相类之外，果然在文本体例上全无定例吗？笔者认为，一定的名下，有着虽不够规范但却趋于一致的体例。为什么这么说？如果有大致一定的体例，那么这定例是什么？是属于哪个文体构成层面上的？解答这些问题，当从行为与文本的关系角度入手。

　　从第二节《尚书》命名特点的第4、第5、第6、第7条，能够推断出史官最初命名的主要着眼点。他们对相近的各种行为

---

① 《尚书正义·尧典正义》，见（清）阮元校刻：《十三经注疏》，117 页。

② （唐）刘知幾撰，（清）浦起龙通释：《史通通释·六家》，2 页。

③ （清）章学诚撰、叶瑛校注：《文史通义校注·书教上》，31 页。

动作本身进行区分（谟、诰、誓、训、命，都与说这种行为动作有关）、命名，再辅之以动作的发出者或接受者，动作产生的具体地点等与行为动作密切相关的因素，去给记录这些行为动作的文本进行命名。那些表面看来是以人为中心命名的，其背后隐藏着以行为动作为中心的意识。纯粹以人名命名以及篇名中有人名的篇章，很明显可分为与行为动作有关的两种类型：一、篇名中的人是动作的发出者的有 15 篇：《大禹谟》《皋陶谟》《禹贡》《汤誓》《汤诰》《康诰》《召诰》《伊训》《胤征》《吕刑》《五子之歌》《仲虺之诰》《康王之诰》《微子之诰》《盘庚》。二、篇名中的人是动作的接受者的有 11 篇：《说命》《毕命》《冏命》《蔡仲之命》《文侯之命》《太甲》《君奭》《君陈》《君牙》《多士》《多方》。一句话，命名是以行为动作为轴心进行的。

通过上述分析，可以看出《尚书》文体之名的确立经历了这样一个过程：记载某类特定行为——产生记载某类行为的文本——对文本以所记行为动作之名命名——据所命篇名进行文体分类——文体名确立。对于《尚书》文体命名过程的这一特点，朱自清曾指出过，只是没有顺着这个线索做进一步的研究，他的见解也没有引起学术界的重视。他说："《尚书》包括虞夏商周四代；大部分是号令，就是向大众宣布的话，小部分是君臣相告的话……那些号令多称为'誓'或'诰'，后人便用'誓''诰'的名字来代表这一类。"[①]

《尚书》文体之名的确立既然经历了这样一个由行为之名转为文体之名的过程，那么行为动作本身的特点与记录行为动作的文本的体类特点，二者之间存在着某种联系是必然的。对同一个行为的记录，行为本身的特点必然制约、规定着文本上的某些特点，使得不同文本在某个层面上相近，从而形成文"体"

---

① 朱自清：《经典常谈》，20 页。

上的某种特质。而且，既然有文本存在，必然客观上会有结构体制、语言风貌、审美特征存在，所以，从这些角度考察六体特征，当然是可行的。

这里有一个问题，需要补充说明。上述说法只能概括绝大部分篇章的成文情况。多数篇章确实是先有行为，而后才有记录行为的文本，但是并非所有篇章都是这样。有些篇章是先有文本而后才说（宣读）出来，即先有文本，后有行为。陈梦家考论西周金文中的策命，指出："这些王命，最先是书写在简书上的，当庭的宣读了，然后刻铸于铜器之上。"[①]"册命既是预先书就的，在策命时由史官授于王而王授于宣命的史官诵读之。"[②]至于《尚书》中文献的情况，他认为："周诰中的'王若曰'乃是史官或周公代宣王命，与西周金文相同。"[③]即，周代的诰命体篇章，也是预先书就的，是先有文本、后有说（宣读）的行为。如果历史事实果真如此，则本章的论点将无从立足。

理清这个问题，关键在于对"王若曰"的解释。《商书·盘庚》有"王若曰"，周诰中大量出现，除此，还有"周公若曰"，"微子若曰"等。陈氏只是一说，其他还有众多说法。宋蔡沈《书经集传》在《盘庚上》篇解释："若曰者，非尽当时之言，大意若此也。"[④]于省吾认为，"王若曰"是周人沿用商代用语。《尚书》篇首有"王若曰"，以下复述以"王曰"开头的一些篇章，是史官宣示王命臣某或王呼史官册命臣某。其他各篇单称"王

---

① 陈梦家：《尚书通论》（外二种），167页，石家庄，河北教育出版社，2000。

② 陈梦家：《尚书通论》，177页。

③ 陈梦家：《尚书通论》，186页。

④ （宋）蔡沈：《书经集传》，53页，上海，上海古籍出版社，1987。

若曰"的，系史官记述王言，与周公代宣王言有别。① 刘起釪认为："由《周书》各篇来看，不是史官代宣王命而是史官记录王的言论，沿用了殷人代宣王命的词语，是表示所记为王的原话。"②

依蔡沈之说，则有两种可能：不是即时实录，而是史官追述之辞；史官据前代文献整理成篇。依于氏和刘氏之说，都表明相当数量甚或所有的篇章，当是先有言说的行为，后有记录言说的文本。并非如陈氏所云，诰命体篇章都是先有文本，而后有宣读的行为。

通检《尚书》，明确写出是先作书，后有说的行为，或只传文本的情况，仅有如下各篇。

《太甲上》：惟嗣王不惠于阿衡，伊尹作书曰……

《说命上》：王庸作书以诰曰……

《召诰》：周公乃朝用书命庶殷侯甸男邦伯……

《金縢》：史乃册祝……乃纳册于金縢之匮中……以启金縢之书

《洛诰》：王命作册逸祝册……王命周公后作册逸诰……

《顾命》：大史秉书，由宾阶，御王册命，曰……孔颖达疏："大史东面于殡西南而读策书……"③

上举诸例中的祝册、册，指以策书命官或祈祷的行为。

其余各篇，应视为是对行为的记录。究其初，总是言说在前，而文字在后，因此，先有行为后有记录行为的文本的观点，是可以立得住的。

那么，行为特点在哪些层面上制约、促成了文体的特征？

---

① 于省吾：《王若曰释义》，载《中国语文》，1966(2)。

② 刘起釪：《尚书学史》，492页。

③ 本段所引《尚书》原文，均出自《尚书正义》，见(清)阮元校刻：《十三经注疏》，164、174、211、197、196、217、240页。

具体在《尚书》六体中，典不是以某种行为命名的，不在本论题范围内。其他五体都是与说有关的行为，但各有所侧重。

谟，谋议。谋议的行为特点，要求有谋议的双方或多方。这就在结构体制层面上，形成文本的体类特征是对话形式或多人讨论形式。《大禹谟》《皋陶谟》《益稷》都是如此。

诰，行为特点主要是上告下，关系重大，内容涉及较广，目的主要在于约束人的意志和言行，偏重于防患于未然。有时针对个人，有时则针对群体，有些场合还特别注重空间传播的广泛性。其文体特征表现为表述方式直切，语言风格庄重、中正。

训，行为特点是下对上，意在政治教导或解说知识，是面对个体的。偏重于针对君王某种已经出现的错误言行进行谴责。文体特征表现在语言层面上，解说类的平铺直叙，进谏类的则语重心长或辞气急疾。

誓，行为特点是军队出师前的宣戒，面向大众，事关生死存亡，具有强制性，目的及功能效应是严明纪律，警戒士兵，鼓舞士气。① 这种行为在两方面影响了文体特征。一是结构层面。誓体大致形成了一个结构程式：某人将出师，誓于某地，警戒语，出师正义性，宣布赏罚。二是语言层面。多短句，铿锵有力，肃杀。

命，行为特点是上对下，面向个体，带有信任、委任、奖赏诸义，而且强调自天而来，具有神圣性，以神圣性督责臣下。与之相应，文体特征在结构层面有所反映，都少不了突出强调受命者要有诚挚的心理状态。"钦"这个词，绝大多数都出

---

① 《尚书》7篇誓体文中，《秦誓》一篇很特殊。它不是出征前的讲话，而是兵败后的讲话。但一篇不足以破例。

现在命体文中，① 就是一个有力的证据。

　　另外，《尚书》文献历时虞夏、商、周各个历史时期，语言风格有时代差异。② 而且，每个具体的人，其言说方式也不尽相同，尽管如此，文体的某些特征却基本有其超乎时代的稳定性，这也是文之所以立体的原因。

　　行为本身的一些特征与记录行为的文本的体类特征，在某些层面一致，但某些层面上也有差异。人们在辨析体类特征时，很容易走进一个误区：将记录行为的文本的功能与行为本身的功能混淆。二者有时确实是大体一致，但有时并不相同。命这种行为，与命书的功能是基本一致的，其间也有微小的差异。事先写就或事后追记的诰命文书，只有当它被宣读时，其功能与诰命行为本身的功能才是一致的，如果没有付诸实践，文本的功能与行为的功能是不同的。誓这种行为，具有极强的威严性、约戒性。可是将出师前的誓辞记录下来的文本，却并不具备这样的功能。而且，即使在语言层面上，行为与文本风格有相近之处的，在具体的语言运用上，也仍然存在口语语体与书面语体的差异。

　　概言之，行为与文本的功能差异主要表现在两方面。一、行为的功能，其实现是短暂的，具有时效性，即在当时产生功能。而文本的功能，尤其是记录史事的文献，其功能主要是重

---

　　① 《尧典》中也多有"钦哉"一词，但都是在任命官员时或布置某项具体任务时讲出，是命体文的雏形。

　　② 扬雄《法言·问神》："虞夏之书浑浑尔，商书灏灏尔，周书噩噩尔。"（见《诸子集成》，第七册，13 页，北京，中华书局，1954）区分不明确。鲁迅有确论："虞夏禅让，独饶治绩，数扬休烈，故深大矣；周多征伐，上下相戒，事危而言切，则峻肃而不阿借；惟《商书》时有哀激之音，若缘厓而失其援，以为夷旷，所未详也。"（鲁迅：《汉文学史纲要》，7 页）

现历史、保存历史，具有长久性，对后人而言具有认识功能，还具备形成某种传统(思想或文体)的潜在力量。二、语言是一种政治资本，掌握语言的人具备一种威信。君王的威信与臣子的威信建立在话语权力上。这话语权力包括说和写两种。言语被书写下来，在原有的特定语境中的庄重性之外，又增添了另一重庄严。这是因为，文字知识是一种特权，是一种权力的工具，"即使信息的接收者只是单独一个人，而且跟发送者的关系很密切，信息一旦被书写下来就被赋予某种庄重得多的功能"①。书写使稍纵即逝的言语物化，固定下来，使之能够传之久远，所以史官的地位才特别重要，帝王也特别重视书写在文献中的自身行为。考虑到自己的行为将被书写入文献，帝王会强化对自身的约束。形之于文的君王诰命，会比口头表达对臣下更具威力。在某种意义上，书写比言语更有力量。

---

① [法]海然热著、张祖建译：《语言人：论语言学对人文科学的贡献》，99页，北京，生活·读书·新知三联书店，1999。

第三章

从《尚书·尧典》诸篇看早期
历史叙事文体的特征

　　《尚书》是最早的历史散文集，包含多种文献种类，在古代文体史上，也具有重要的价值。《尧典》《舜典》《禹贡》《金縢》和《顾命》五篇文章，在体制上与《尚书》其他篇章明显不同。其他篇章在文体构成因素的功能效应层面十分突出，而这几篇在文体构成因素的结构体制层面特征鲜明。其他篇章更多地具有说（口语）的色彩，而这几篇更多地具有写（书面）的特征。其他篇章更多的是与历史同步进行的现场片断式记录，多为经验之事实，而这些篇章更多的是晚于历史发生的事后对系列事件的综合整理与追述，不乏合理之推想。更重要的是，从叙事与记言层面考察，《尧典》等文本属叙事文体，表现出早期历史叙事文体的一些特征。

第一节　叙事与记言

　　我国史官很早就有明确的职责分工，分为左史和右史，分掌记言、记事。《尚书》从总体上看是以记言为主体，但是其中有几篇体制比较特殊，超出了记言体的界限，应当视为叙事文体。

　　从叙事与记言在文本中所占篇幅考察，《尧典》五篇可以分为两种情况：一是全篇没有任何记言之辞，《禹贡》属此类；二是既有记言，也有叙述，《尧典》《舜典》《金縢》和《顾命》四篇除诰命祷祝之言，还有大量叙述。《顾命》属叙述的文字有 600 多字，记言 200 多字，明显以叙述为主。《尧典》《舜典》和《金縢》三篇记言和叙事文字量大致相当，记言略多于记事。如此看来，似乎这三篇的叙事性质应受到质疑。可是，仅从文字量上判断文本叙事和记言的性质，是不尽可靠的。正如法国叙事学家热奈特所言："史诗作品中无论对话或直接引语占多大分量，即使它超过叙事的分量，史诗也仍然以叙述为主，因为对话必然由叙述引入，并夹在叙述部分之间"①。他说的尽管是史诗，但这个观点对于历史散文仍然适用，《尧典》诸篇中的记言就是如此。

　　《尧典》《舜典》《金縢》和《顾命》四篇文本，在总体的叙事框架中，包含其他种类的记言文体。《尧典》和《舜典》包含"命"体文，如，尧命羲氏与和氏制历法："帝曰：'咨！汝羲暨和。期三百有六旬有六日，以闰月定四时，成岁。允厘百工，庶绩咸熙。'"②舜任命九官，也采取了同样的叙述方式，在文体形态上，可以划分出多个短小的命体文。《金縢》有周公祝祷辞，《顾命》包含两段"诰"体文，成王遗命与康王之诰。"命"、祝祷、"诰"体，都属记言体，而这些记言均是由叙述引入，并夹在叙述部分之间的。

　　那么叙事与记言是什么关系？叙事与记言存在双向渗透的关系。记言散文的成熟与发达要早于叙事体散文，处于历史叙

---

　　①　[法]热·热奈特著、王文融译：《叙事的界限》，见胡经之、张首映主编：《西方二十世纪文论选》（第二卷），346 页，北京，中国社会科学出版社，1989。

　　②　《尚书正义》，见（清）阮元校刻：《十三经注疏》，119～120 页。

事文体发展的早期阶段，叙述不免受到记言的影响，带有浓厚的记言痕迹。《尧典》《舜典》《金縢》及《顾命》中包含的大量记言文字体现出记言向叙事的渗透。然而，尽管如此，叙事体文本中叙事的统帅地位却不可否认。叙事在接受记言的渗透的同时，还强有力地主宰、干预了记言，叙述者不仅以叙事始、以叙事终，而且在记言部分也表现出鲜明的介入意识，具有明确的叙事特征。《尚书》中的记言体散文，有的直接以"某人曰"的形式完成全篇，没有叙述人的介入；有的在记言前有简短叙事，交代言说的背景，叙事是为记言服务的，而且在记言过程中，绝对不插入叙事。在叙事体文本中，即使在人物对话中，也随时插入叙事之笔，叙述者保持一种随时介入的姿态。例如，《舜典》中舜任命百官时一大段记录任命之言中有这样几段。

帝曰："俞，咨！禹，汝平水土，惟时懋哉！"禹拜稽首，让于稷、契，暨皋陶。帝曰："俞，汝往哉！"

帝曰："俞，咨！垂，汝共工。"垂拜稽首，让于殳斨暨伯与。帝曰："俞，往哉，汝谐。"

帝曰："俞，咨！益，汝作朕虞。"益拜稽首，让于朱虎、熊罴。帝曰："俞，往哉，汝谐。"

帝曰："俞，咨！伯，汝作秩宗。夙夜惟寅，直哉惟清。"伯拜稽首，让于夔、龙。帝曰："俞，往钦哉！"①

"拜稽首"是动作，而"让于稷、契皋陶"当是以言说的方式表现出来。历史发生的原貌本来应当是一段对话，由于叙述者的介入，把最初的记言转变为对言的内容的叙述，用叙述的形式替代了对最初言语的记录。历史发生初始形态的人物语言以叙述的形式表现出来，而不是以记言的方式呈现出来。

---

① 本段所引《舜典》原文，均出自《尚书正义》，见（清）阮元校刻：《十三经注疏》，130～131 页。

叙事体文本中的记言部分承担着一定的功能，与在记言体中的功能不甚相同。除了记言本身所具有的以文字保存声音的记录历史功能之外，还具有其他两种功能：叙述功能和阐释历史的功能。

《尧典》中尧与臣下放齐、驩兜、岳三人及尧与四岳的两组对话，属记言，通过这两段对话，我们得到的是对尧选官任能、治理洪水一事及尧选择继承人一事的认识。即，这两段是以对话形式完成对事件的叙述。《顾命》中成王遗命和康王即位诰，记言被组织进系列事件之中，在叙述中承担一定职责，使史官对事件的叙述变得完整，而且造成逼真的现场感及历史真实感的客观效果。

《金縢》中周公的祷祝辞表明周公祷祝的目的是以身代王，是忠于王室的。这就为后面管蔡流言的诬陷性质，为天降灾异的神秘事件提供一个合理的解释。天降灾异是因为周公受到了冤枉，当冤枉解除，灾异现象随之消失。这段记言意在告诉人们历史上究竟发生了什么。记言不仅具有记录历史、再现历史的功能，在一系列事件中，记言被赋予了阐释历史、表现历史的功能。

第二节 结构体制

人类的活动是以时间和空间来定位的，因此，作为记录、叙述人类行为的历史文本，不可能脱离两大基本结构框架：按时间顺序或空间方位叙事。此外，面对历史，史官会思考为什么发生这些事件，前因后果是什么？所以，对事件间因果（逻辑）关系的追寻就成为历史文本的一个重要特征，以因果关系为结构框架的叙事文本也就很自然地产生了。《尧典》等五篇文本的结构体制就充分体现出历史叙事文本的三种主要类型。

一、事件按时间顺序逐次展现。《尧典》《舜典》《金縢》和

《顾命》四篇，都是以事件发生的时间顺序为叙事的基本结构线索。

《尧典》和《舜典》分别颂扬尧和舜的功德，记述了二人所作的诸多重要事件。这些事件在时间上呈现为前后相继的线性链条形态。尧选帝位继承人时，明白声称"朕在位七十载"，这就为他所作事情划定了一个大致的时间范围。《舜典》记舜即位后的事功，大多有明确时间标示。"正月上日"，受终于文祖。"既月乃日"觐四岳群牧。巡守四方从"岁二月"开始，每隔三个月改换方向。此后的巡守以五年为期。文本后半部分对舜功业的叙述也依循时间的自然推进而推进。最后以几个时间来概述舜一生活动："舜生三十征，庸三十，在位五十载，陟方乃死。"①三十岁被征召，任官三十年，在帝位五十年。

《尧典》和《舜典》的叙事，是以一定的时间段或者固定的时间周期、还有具体的时间点，为一条基本的结构线索。尧舜所作各个事件之间，是并列（平行）关系，只有时间上的先后之别，不存在因果关联。

《金縢》叙述克商二年后，周武王病，周公祷，武王瘳，武王丧，周公受诬，居东二年，秋，天现灾异，成王启金縢，出郊迎周公，灾异现象消失。对这一系列活动的叙述，也基本按照事件发生的时间顺序而推进。文本有三处标明了时间。

《顾命》叙述成王将死、遗命、丧礼，康王继位仪式几件事，用明确的时间清晰地标示出事件的演进。开头"惟四月，哉生魄"——成王生病；"越翼日乙丑王崩"——成王辞世；"越七日癸酉"②——准备好丧礼；成王崩后第八日——史官举行

---

① 本段所引《尚书》原文，均出自《尚书正义》，见（清）阮元校刻：《十三经注疏》，123、126、126、127、132 页。

② 本段所引《尚书》原文，均出自《尚书正义》，见（清）阮元校刻：《十三经注疏》，237、238、238 页。

册命康王即位的典礼，并发布诰命。

二、功绩在空间秩序的建构中完成。《禹贡》与《尧典》等四篇不同，它记载禹布土、开山、导水的系列功绩，禹的行动主要在空间中展开，文本也以空间秩序作为结构框架。禹的功业可分为三个大的行动单元。第一个行动单元是依自然地理空间形势分别九州，考察每地的物产、土壤，确定贡赋。第二个行动单元是治理九条山脉，开通道路及疏导九条水系。第三个行动单元是以五百里为空间界线划分五服行政区，制定贡赋。最后划定纳入统治的空间范围——"东渐于海，西被于流沙，朔南暨声教讫于四海"①。禹行迹所至，声教所达，东西南北四方的界线，表述得很清楚。禹的功业在空间秩序的建构中实现，文本也依次展开，描绘出清晰的自然地理与政治区划治理相结合的完整国家图式。

禹的功业果真像《禹贡》所记那样盛美有序吗？尽管司马迁的《夏本纪》里全数收录《禹贡》所载事迹，以《禹贡》为信史，但后世的历史学家多对此表示怀疑，认为禹的事迹如尧舜一样，是经追述而加进了理想化成分。徐旭生说："《禹贡》篇内所叙导山和导水的办法，固属张大其辞，把春秋战国时候所了解的（如黑水）山水完全叙述一遍，不是大禹时代所能有的事实。"②《禹贡》中到底有多少事实、有多少想象，古史茫昧，难以确考，也不是这里要探讨的，但有一点可以肯定，《禹贡》展现的空间秩序，是历史事实加上想象建构出来的。

三、解释通过因果框架而实现。《尚书》中几篇叙事体文本，最特别的要数《金縢》，它带有浓重的神秘色彩。《金縢》所记诸多事件不仅随时间推进而逐次展现，而且，它们还被安排

---

① 　《尚书正义》，见（清）阮元校刻：《十三经注疏》，153页。

② 　徐旭生：《中国古史的传说时代》，146页，北京，文物出版社，1985。

在一个因果链条上，事件间的因果联系被强化、凸显出来。逻辑关系是《金縢》一个极其重要的结构框架，事件在系列中承担着或为后事之因、或为前事之果的叙事功能。武王生病—周公祝祷—周公锁册—管蔡流言—周公居东—禾尽偃—成王启册、出迎—禾尽起。一系列事件被安置在一个因果框架之中，形成紧密的因果链条。

《金縢》通过因果关系的组织，解释了历史现象。为什么周公会受诬？因为祝祷词被锁于金縢，外人不能得知真相。为什么会出现雷电交加、禾偃木拔的灾难？因为周公受了冤枉，天为其彰德。为什么禾偃后又能尽起？因为成王开启了金縢，周公冤情大白，得到公正待遇。不管对历史现象的解释是否正确，但撰述者的的确确提供了一种对历史的理解。

虽然叙事文本可以比较明确地分别归类到时间顺序、空间顺序及逻辑关系这三种基本结构框架类型中，但是一个文本的结构，有时不只是按照一个框架组织，也会同时容纳两种类型或三种类型，它们不是互不相容，格格不入，而是呈现为相互交织的状态。

有的文本总体构架为双重结构。《金縢》以时间为经，以因果为纬，是时间序列与因果关系并行的双重结构。《禹贡》空间秩序为显，时间序列为隐，开篇云"禹敷土，随山刊木，奠高山大川"，结尾"禹锡玄圭，告厥成功"①，工作从开始到结束，虽然没有具体的时间词汇出现，但隐伏着一个由开始到结束的时间段。

有的以时间序列为主架，局部为空间叙事结构。《尧典》《舜典》和《顾命》都有这样的特点。《舜典》总体结构以时间为序，其中叙述舜巡守一段就遵循东南西北的空间顺序进行。

---

① 本段两处引文均出自《尚书正义》，见（清）阮元校刻：《十三经注疏》，146、153 页。

《顾命》以事件发生的时间先后为总线，至于祖庙器物的陈设及卫士位置几段，则按照空间方位进行陈述。牖间南向，西序东向，东序西向，西夹南向，西序，东序，西房，东房，各有什么珍贵器物，不同种类的四种宝车各停在什么位置，卫士站守在什么位置，以东西、左右、内外划分空间，叙述得井井有条。根据文本的叙述，我们完全可以画出准确的图示。看上去，这些空间顺序的叙述有些类似于描写，其实，它们担负的是叙事作用。如热奈特所言："由于描写停留在同时存在的人或物上，而且将行动过程本身也当做场景来观察，所以它似乎打断了时间的进程，有助于叙事在空间的展现。"①

　　不同的结构体制形成不同的叙事模式。《尧典》《舜典》等五篇文本有两种叙事模式：大事记模式和故事模式。二者最根本的区别在于大事记模式没有矛盾冲突，构不成情节，事件间也没有因果关系；而故事模式则有冲突，构成情节，事件间具有因果关系。《尧典》《舜典》《顾命》《禹贡》都属于大事记模式，而《金縢》则属于故事模式。海登·怀特说："历史学家在研究一系列复杂的事件过程时，开始观察到这些事件中可能构成的故事。当他按照自己所观察到的事件内部原因来讲述故事时，他以故事的特定模式来组合自己的叙事。"②《金縢》的叙述者就是这样。在叙述中，他流露出有意识地要讲述一个故事，而不只是陈述一系列历史事实的明显倾向，叙述者是以故事模式来进行叙事，事件被放置在情节结构的范畴之内。无论是故事模式还是大事记模式，都显示出史官对事件的裁别能力，以及围绕一个中心（人或事件）组织史料的能力。

---

　　① ［法］热·热奈特著、王文融译：《叙事的界限》，351 页。

　　② ［美］海登·怀特著、张京媛译：《作为文学虚构的历史本文》，见张京媛主编：《新历史主义与文学批评》，165 页，北京，北京大学出版社，1993。

　　有没有什么内在的原因，促成了文本结构体制的形成？答案是肯定的。《尚书》为政治文件的汇编，文本的结构体制受到撰述者的政治理念和历史人物政治行为的驱动。

　　尧舜禹时期，年代最为久远，而其历史文献资料也最为缺乏，然而，由于"传闻而欲伟其事，录远而欲详其迹"①的心理，在后人的印象中，这个时代最为崇高。史官有意识地建构一个崇高、伟大的尧舜禹时代，用文字书写出一个完整的、秩序井然的政治图景。与建构一个秩序井然、包罗万象的政治图景的追求相一致，于是，在书写有关尧舜禹的事功时，文本的结构也体现出相应的特点。

　　《尧典》和《舜典》有宏大、均齐的结构特点。两篇分别叙述尧和舜二人的行事，时间跨度大，记述事件多，综观全局，人物众多，总体的叙事体制包含命体文的雏形，包含谟体文的形态，结构是宏大的。尧的登场先是叙述事功，随后接以几段对话。对舜一生大事的写法也是如此。文章的某些部分如尧命天官四位，舜巡守四方两段，句式极其整齐，给人感觉有如一个四方形。结构端正，法度森严，这样的文本结构有助于促成一种记录崇高人物和重大事件的崇高文体。《禹贡》文本结构的宏大、整齐一目了然，无须赘述。

　　从《尧典》的资料来源与最后文本的内容与形态方面考察，撰述者求全、求秩序的意识就更明确了。根据胡厚宣考证，认为《尧典》中的四方名来自甲骨文，并且将其中的神话材料改造成为人事历史资料；杨树达、于省吾二人都指出，直到《尧典》中才把四方和四时相配。刘起釪根据王国维、郭沫若、陈梦家等人的研究成果进一步考辨，认为《尧典》中的四位天文官（羲仲、羲叔、和仲、和叔）包括羲和在内，其实在甲骨文中几人

---

　　① 　范文澜：《文心雕龙注》，287 页。

的情况并不像在《尧典》中那样，而且四位官员的任务是《尧典》作者据殷代甲骨文的祭日资料而改编，并把他们分派为不同季节里。关于鸟火虚昴四星定季节，据竺可桢、于省吾的天文研究，《尧典》中的天象不能早于商代，不可能是尧时的。① 如此看来，《尧典》撰述者运用的材料多为文献中所存，但在编撰中渗入了主观的政治理念是无可怀疑的，他要建构一个包囊宇宙的秩序世界，并采取了与此相应的文本结构。

政治行为的一个基本特征是使无序的世界走向有序，禹开疆拓土、命名制赋，他给世界以秩序的一系列行动在文本结构上也得到充分显现。《禹贡》除表层的空间顺序结构外，还有深层意蕴结构——扩展式结构。文本叙述禹的工作从冀州开始，（冀州，在今山西与河北西部，是当时的政治中心）然后，推及九州，向北、向南、向西扩展。禹对政治区域的划分也是如此，以政治中心所在地为圆心，以五百里为单位向四周逐层扩展。这种扩展式结构是政治上主名山川、开疆拓土行动的直观呈现。

第三节　语言风格

研究《尧典》《舜典》这几篇的语言，是个既重要又十分棘手的问题。因为《尧典》等篇文本的形成不尽是与历史同步进行的实况记录，大多经过后代史官的整理加工，其语言既有当时体，又掺杂后代的特征，成分比较复杂。这里不过细地梳理不同时期的语言特点，仅从一个角度进行分析。

热奈特说："如果是一篇完全忠实的历史叙事，史学家—叙述者从叙述完成的行动转为机械地记录所说的话语时应敏锐

---

① 详见刘起釪：《尚书学史》，462～465 页。

地感到表达方式的变化……把行为和话语想象出来是同一种精神活动，那么把这些行为和话语'说出来'则是两种十分不同的语言活动。"①《尧典》《舜典》等五篇文本的语言就存在这种情况，可分为叙事语言与人物语言（独语或对话）两种。《禹贡》全篇都运用了叙事语言，故而其风格统一、整齐、简明、质正。《尧典》《舜典》《金滕》《顾命》四篇既有叙事语言也有人物语言，因此全篇语言风格不甚统一。

叙事语言基本属于书面语的性质，具有整齐的特点。《尧典》开头"曰若稽古"一段，命羲和等四人制定历法一段，叙述舜的品德及接受考察一段，《舜典》写舜即位后进行祭祀、巡狩、划州界、定刑法、惩四凶几段，都属叙述人语言，这些语言句式大多比较整齐，以四言为主，且多用排比。《禹贡》叙述禹治理九州、九山、九川，划定五服，每一部分中的每一段都遵循同一叙述句式，全文语言颇有整饬之美。《顾命》叙述祖庙里器物陈设和卫士情况，语言也非常整齐。

整齐并不意味着呆板，整齐之中还富于变化。《舜典》写舜巡行四方一段就是如此。在详细记述岁二月，东巡守，至于岱宗所做事情后，叙述舜到南、西、北三方巡守。文曰："五月南巡守，至于南岳，如岱礼。八月西巡守，至于西岳，如初。十有一月朔巡守，至于北岳，如西礼。"舜在其他三方做事与在东方相同，但就是"如岱礼"这一个意思，叙述者没有运用同一语言加以表述，而是用"如岱礼""如初""如西礼"等几种形式，显示出叙述者刻意避免语句的重复、有意在整齐中求变化的意图。

此外，整齐中的变化，有时还出于意识形态的影响。《禹贡》叙述禹到九州考察，记述禹在冀州与他到其他八州的语言

①　[法]热·热奈特著、王文融译：《叙事的界限》，348页。

形态不同。八州，都运用"某河(地)惟某州"的格式，如，"济、河惟兖州""海、岱惟青州""海岱及淮惟徐州""淮、海惟扬州""荆及衡阳惟荆州""荆、河惟豫州""华阳、黑水惟梁州""黑水、西河惟雍州"①；唯独开头叙述冀州时不同，仅有"冀州"二字，在语言形态上与其他八州区别开来，显示出冀州独特的中心位置。

叙述语言具有简质刚正的风格，与《逸周书》的相关部分对照，其风格更加鲜明。

同样是叙述人物的位置及服饰，《逸周书·王会解》曰："堂下之右，唐公、虞公南面立焉。……为诸侯之有疾病者，……相者太史鱼、大行人，皆朝服有繁露。堂下之东面，郭叔掌为天子录币焉，免有繁露。"②《尚书·顾命》曰："一人冕，执刘，立于东堂，一人冕，执钺，立于西堂。一人冕，执戈，立于东垂。一人冕，执瞿，立于西垂。一人冕，执锐，立于侧阶。"③

同样是以与都城的距离划分政治区域，《逸周书·王会解》曰："方千里之外为比服，方千里之内为要服，三千里之内为荒服，是皆朝于内者。"《逸周书·职方解》曰："乃辩九服之国，方千里曰王圻，其外方五百里为侯服，又其外方五百里为甸服……又其外方五百里为藩服。"④《尚书·禹贡》曰："五百里甸服……五百里侯服……五百里绥服……五百里要服……五百里

---

① 本段引用《禹贡》原文，均出自《尚书正义》，见(清)阮元校刻：《十三经注疏》，147、147、148、148、149、149、150、150 页。

② 本段引用《逸周书·王会解》原文，均出自黄怀信、张懋、田旭东撰，李学勤审定：《逸周书汇校集注》，858、860、861、862 页，上海，上海古籍出版社，1995。

③ 《尚书正义》，见(清)阮元校刻：《十三经注疏》，240 页。

④ 本段引用《逸周书》原文，均出自黄怀信等撰：《逸周书汇校集注》，866、1058～1059、1061 页。

荒服。"①

很明显，《顾命》和《禹贡》语言朴素，无虚词"者""焉"等，无判断词"为"；虚词多则语气舒缓，不那么生硬；而语句简短，无虚词，省略判断词，语气则斩截、刚劲、森严。

人物语言与叙述语言不同，口语色彩较浓。语气词丰富，句子长短不一、参差错落的情形远较叙述语言明显。《尧典》中尧与群臣议事、《舜典》中舜与群臣议事的几段以及《顾命》中成王遗命与康王受册命后的答辞，语言则不那么整齐，保持着口语的自然特点，不像书面语那样经过精心加工。《尧典》和《舜典》的语气词有"咨""吁""於""哉""俞""格"等，《顾命》有"呜呼"，《金縢》有"噫"，它们都传神地表现了人物不同的感情。

叙事体文本以叙述为主，叙述居于主体地位，因而叙述语言会对人物语言产生影响，即把口语转为书面语时，不自觉地会小有增饰及删削。有的地方可能是根据传闻而重新拟构当时的人物语言，因此，人物语言体现出叙述者语言的风格特征，显得十分整齐、简明。《舜典》中舜命官时的语言就有上述特点。如，命契，帝曰："契，百姓不亲，五品不逊。汝作司徒，敬敷五教，在宽。"命皋陶，帝曰："皋陶，蛮夷猾夏，寇贼奸宄。汝作士，五刑有服，五服三就。五流有宅，五宅三居。惟明克允！"命夔，帝曰："夔！命汝典乐，教胄子，直而温，宽而栗，刚而无虐，简而无傲。诗言志，歌永言，声依永，律和声。八音克谐，无相夺伦，神人以和。"②

《金縢》的情况有点特殊，文本语言也有叙述语言和人物语言两类，粗看，似乎二者没有什么区别，叙述语言也不尽整

---

① 《尚书正义》，见(清)阮元校刻：《十三经注疏》，153 页。
② 本段引文均出自《尚书正义》，见(清)阮元校刻：《十三经注疏》，130、131 页。

齐，长短错综，散句单行。但是仔细阅读就会发现，叙述语言运用了 15 次作为时间副词的"乃"字，这在《尚书》全书中绝无仅有，还出现语助词"焉"。这与人物语言有差别。原因在于，《金縢》的语言受到后代的修饰，周公祷祝部分反映西周初年的语言情况，叙事部分则带有东周人的语言风格。①

《尚书·尧典》《舜典》等文本，体现了早期历史叙事文体的特征，记言占据相当大的篇幅，叙事中包含多种记言文体；文体形态多样，结构各异，没有定例；语言风格大多不甚统一，具有明显的整合口语与书面语的特征，留有不同时代的语言印迹。其中包孕着后世叙事文体的基因，具有一定的启示意义。

首先，标志着宏观叙事意识与能力的增强。《尚书》中的诰、命、誓、训等记言体散文是片断式的，记录的是时间和空间都固定在某一个点上某一个人或几个人的言论，内容比较单纯，而《尧典》诸篇不再是片断式的记述，不是对某个人在某种特定情境下的政治演说进行记录，而是对一个人的一生事迹进行概括、勾勒，对一段时间内发生的众多事件或某一事件的整个过程进行综述，概括力大大加强，表现出宏观驾驭事件、把握事件、组织事件的能力，以及对叙事完整性的追求。

其次，显现出叙事文体的兼容性。《尧典》《舜典》《金縢》和《顾命》四篇文本，叙事中包含多种记言文体，这表明，叙事文体具有强大的兼容其他记言文体的功能。从叙事文体的发展来看，所著《尚书》时代的叙事文体，与甲骨文及铜器铭文的记事相比，已经大大发展了，已经由萌芽阶段的单纯记录和再

---

① 刘起釪认为："现在《金縢》篇中，除了周公祷祝的话可作为他的讲话记录因而可靠外，还有不少叙事之文……这些叙事之文的风格也较平顺……颇接近东周，很可能是东周史官所补述。"（刘起釪：《古史续辨》，372 页，北京，中国社会科学出版社，1991）

现历史，进入集历史资料(口传和文献)与主观构想于一体的有组织地表现和阐释历史阶段。后代叙事文体具有整合其他各种文体形态的能力及特征，在早期历史叙事文体里已经初见端倪。

第四章

《尚书》典体文与秦汉封禅文

自伪孔安国序始，学者大多认同《尚书》体例有"典谟誓诰训命"六种的说法。其中，典这种文体在后代的流变（这里以汉代为下限），蕴涵着丰富的文化信息。本章以秦汉封禅文为主要考察对象，探讨文本的产生与文化生态之间的关系，原创文本与仿拟文本之间的关系等问题。

第一节　典体文发展的两条线索

《尚书》中以"典"名篇的，汉初伏生所传二十八篇中，只有一篇《尧典》，古文《尚书》从《尧典》中分出《舜典》，合今古文，至多不过两篇而已。有人认为，典这种文体，后世不存。明代徐师曾《文体明辨序》曰："夫文章之体，起于《诗》《书》。……《书》体六，今存者三（原注：存者三，诰、誓、命也）。"① 但是早在徐师曾之前，刘勰在《文心雕龙·封禅》中，却将典与汉

① （明）徐师曾著、罗根泽校点：《文体明辨序说》，77 页，北京，人民文学出版社，1998。

魏的封禅文联系起来，似乎后代的封禅文是典体的变异。那么，典这种文体究竟是亡是存？汉魏的封禅文与《尧典》究竟有没有关系？还有，以"典"命名的篇章，《逸周书》中有《程典解》《宝典解》《本典解》三篇，班固有《典引》，曹丕有《典论》五卷，晋陆景有《典语》十卷、后魏李穆叔有《典言》四卷，后齐荀士逊有《典言》四卷，等等。这些以典命名的篇章与《尧典》有没有关系？如果有，是什么样的关系？

与典相关的篇章，据内容可以分成两个系列。一个是《逸周书》三篇与曹丕的《典论》及陆景的《典语》等。一个是刘勰所谓的封禅系列，大体包括李斯、司马相如、扬雄、张纯、班固、曹植等人的作品。① 后者，是笔者特别关注的。这两个系列与《尧典》都有关联，但具体的联结点不同。

第一个系列，因为《尧典》和《舜典》是战国时人们据资料整理编撰而成，并非尧舜时文献原貌，而《逸周书》也多有战国时文，究竟孰先孰后，很难准确考定。这里就存在两种可能：《尧典》和《舜典》先于《逸周书》；二者大约同时。如果是第一种情况，从记述范围看，典这种文体的演变经历了由全面到部分再回到全面的过程。《尧典》和《舜典》记述尧舜二帝所有的辉煌作为；《逸周书》三篇属于专题记述，论的是某个方面的法则；曹丕《典论》篇名现存的有：奸谗、内诫、酒诲、论郤俭等事、自叙、太子、剑铭、论文、论太宗、论孝武、论周成汉昭、终制、诸物相似乱者，缺篇名的还有十几种。所论包罗万象，以政治为中心，兼及其他。陆景《典语》十卷也是关于政理的论述。尽管这三者存在以人为中心还是以事为中心的不同，但记述范围是全面还是部分的区分仍十分明显。从现代文体分类的

---

① 东汉马第伯有《封禅仪记》，记建武三十二年光武帝巡狩泰山封禅事，对具体典仪风物描述甚详，与司马相如等人作品着眼点不同，可能因为这个原因，刘勰在"封禅"类中并未提及此篇，此处也不论。

角度考察，典体文经历了由重在记叙转变为重在论述的一条文体演变线索。如果《尧典》《舜典》与《逸周书》三篇大约同时并行，那么，典体文开始就存在着重记叙与重论述的区分，而其发展，则是论述文体占了优势。

第二个系列，封禅文与《尧典》和《舜典》是存在关联的，这关联虽然表面看来也有语言辞句上的个别模拟，① 但更多的不是在文本体制层面上。使二者联系起来的因素有两个。一、行动典范。《舜典》写舜接受尧的帝位之后，做的头几件大事是："肆类于上帝，禋于六宗，望于山川，遍于群神"②。然后他朝见四岳长官，到东南西北四岳巡守，并"柴，望秩于山川"③，简言之，祭祀上帝及山川群神。刘勰所谓"大舜巡岳，显乎《虞典》"④，其实应该倒过来说，是靠这些文字才确立了舜巡守的行动典范，也就是后世所谓帝王的巡守及封禅大典。《舜典》所写舜的巡守行动，确立了一个行动的典范，为后人所取法，但是并没有确立一个文体的典范。后世那些封禅文，围绕帝王巡守、封禅这个话题而铺陈畅言，正是在这个行动典范的意义上与《舜典》产生联系，而不是在文本的文体形态上与《舜典》有什么联系。二、文体的功能。《尧典》和《舜典》两篇鸿文的功能与效应十分重要的一个方面是颂美尧与舜的丰功伟业，而后世的封禅文在颂扬当时帝王的丰功伟绩上，以及在润色鸿业这种文

① 东汉张纯《泰山刻石文》首言"维建武三十有二年二月，皇帝东巡狩。至于岱宗，柴，望秩于山川，班于群神，遂觐东后"（严可均：《全上古三代秦汉三国六朝文》，534 页，北京，中华书局，1958）完全套用《尧典》写舜封禅的辞句。扬雄《剧秦美新》、班固《典引》中也多有仿拟《尚书》语言的痕迹。

② 《尚书正义》，见(清)阮元校刻：《十三经注疏》，126 页。

③ 《尚书正义》，见(清)阮元校刻：《十三经注疏》，127 页。

④ 范文澜：《文心雕龙注·封禅》，393 页。

体功能上，与《尧典》和《舜典》是一脉相承的。

第二节　封禅文的文体特征与文化生态

《舜典》所写舜的巡狩活动确立的只是一个行动的典范，而没有确立文体形态的典范。所以后世有关封禅的文本，在文体形态上与《舜典》迥异。从语言的韵散角度划分，有两类。《史记·秦始皇本纪》①所载李斯为秦始皇巡游泰山、峄山、琅邪台、之罘、东观、碣石、会稽等地所做的石刻铭文，是诗体；而司马相如、扬雄、班固等人的封禅文则是散文体。尽管两类有韵散的区别，但是它们同样都反映出一个问题：文体特征与意识形态或文化背景之间存在密切的关系。具体说来，表现在以下几个方面。

一、文本的产生与意识形态息息相关。封禅文本来就是与政治行为联系得特别紧密的一种文体。首先要有封禅的意向、舆论、准备或举动，才会产生以封禅为题材的文本。帝王举行封禅大典，是以肯定政治权威、实践经典文本的权威性与神圣性为目的，政治权威亦要借助于经典文本的权威而实现。不同的意识形态，深刻影响着文本的产生。②

从文本中反映出来的对待古与今的态度角度考察，颇能反映出一些问题。李斯封禅文，只称颂秦始皇的功业，绝口不提尧舜之事，没有任何崇古的倾向。这一主旨与秦始皇厚今薄古、注重实用的政治理念息息相通。《史记·封禅书》载，秦始

---

① 《史记》，第 6 卷，242～262 页。

② 司马相如、扬雄、班固等人铺陈符瑞之盛，以符瑞为天意的显现，以为封禅的理由，而张纯《泰山刻石文》不称符瑞，引《河图赤伏符》《河图会昌符》《河图合古篇》《河图提刘子》《洛书甄耀度》《孝经钩命决》等谶纬之文为刘秀正名，这与光武崇敬纬学有关。

皇要行封禅大典，征齐鲁之儒生博士七十人，至乎泰山下，而诸儒意见不一，"始皇闻此议各乖异，难施用，由此绌儒生。""诸儒生既绌，不得与用于封事之礼"①。秦始皇焚《诗》《书》，坑杀儒生，废儒生迂阔难用之言。秦始皇不仅不需要儒生，而且连以儒生作为政治的缘饰也不需要。在这样的意识形态支配下，李斯的封禅文没有依托古制的传统意识，没有颂扬《尚书》所载舜的封禅功业。古代的尧舜之事在李斯的视野之外，根本没有进入他的眼界，他对那些记载是冷漠的。

散体封禅鸿文的出现，与汉武帝即位之初意识形态的期待有关。汉初至文帝、景帝都崇黄老，因此，于封禅之事，并不热心。② 武帝即位，"元年，汉兴已六十余岁矣，天下艾安，搢绅之属皆望天子封禅改正度也。"③汉武帝时，天下已定，润色鸿业的封禅大典已势在必行。汉武帝顺从了士人的崇儒意识，于是"乡儒术，招贤良，赵绾，王臧等以文学为公卿，欲议古立明堂城南，以朝诸侯。草巡狩、封禅、改历、服色事未就。"④汉武帝在诏书中也推崇唐虞，并起用公孙弘、董仲舒等

---

① 《史记》，第28卷，1366、1367页。

② 据《史记·封禅书》，高祖即位后，虽立五帝祠，但只是令"有司进祠，上不亲往"(《史记》，第28卷，1378页)；他虽下诏"吾甚重祠而敬祭。今上帝之祭及山川诸神当祠者，各以其时礼祠之如故"(《史记》，第28卷，1378页)，但同样也并未巡行天下五岳，行封禅礼。文帝开始还亲祠五帝，新垣平欺骗事发后，"文帝怠于改正朔服色神明之事，而渭阳、长门五帝使祠官领，以时致礼，不往焉"(《史记》，第28卷，1383页)。景帝一袭旧制，未有所兴。

③ 《史记》，第28卷，1384页。

④ 同上。

大儒。① 即位元年(公元前140),武帝亲自祭天,后来接触了许多神仙方士之事,又出现许多符瑞,至元鼎四年(公元前113),武帝开始巡守郡县,"侵寻于泰山矣",② 又过了三年,武帝才东上泰山。自武帝即位之初,意识形态领域就一直有封禅这个呼声,从未间断。正是在这种文化背景下,才会孕育出司马相如的《遗书言封禅事》鸿文。

汉武帝虽然有诸多崇儒的施为,顺应意识形态领域的复古呼声的做法,但他本是一代雄才大略的帝王,关键时刻,颇能专断独行,不受儒生之议的左右。汉武帝自从得到宝鼎,欲封禅于泰山,"封禅用希旷绝,莫知其仪礼","群儒既已不能辨明封禅事,又牵拘于《诗》、《书》古文而不能骋。"③于是汉武帝采取了与秦始皇相同的做法,"尽罢诸儒不用"。④ 群儒牵拘于《诗》《书》,牵拘于文献构筑起来的古礼传统,而汉武帝却绝不受儒家观念的牵拘,能用则为我所用,不能则已。崇儒与罢儒都围绕着一个中心——为我所用。因此,最终从官只在山下,并未随从汉武帝登山。在封禅这件事上,充分表明,汉武帝的崇儒只是其政治手段之一,只是一个外在的缘饰而已。

司马相如卒于公元前118年,相如死后,汉武帝派人取其遗书,始得《封禅文》。相如之文成文的下限当在公元前118

---

① 《汉书·武帝纪》载《赦诏》曰:"朕嘉唐虞而乐殷周,据旧以鉴新。"(前128年)《诏贤良》曰:"朕闻昔在唐虞,画象而民不犯,日月所烛,莫不率俾。周之成康,刑错不用,德及鸟兽,教通四海。……今朕获奉宗庙,……何行而可以章先帝之洪业休德,上参尧舜,下配三王!朕之不敏,不能远德,此子大夫之所睹闻也。贤良明于古今王事之体,受策察问,咸以书对,著之于篇,朕亲览焉。"于是董仲舒、公孙弘等出焉。(前134年)

② 《史记》,第28卷,1389页。

③ 《史记》,第28卷,1397页。

④ 同上。

年，而此时汉武帝尚未践行封禅，只是多有准备。但在司马相如的《封禅文》中，对古制传统与今之帝王的态度，却与汉武帝后来封禅之行的思想观念声气相通。看这样一段话：

继韶夏，崇号谥，略可道者七十有二君。罔若淑而不昌，畴逆失而能存？

轩辕之前，遐哉邈乎，其详不可得闻已。五三《六经》载籍之传，维风可观也。《书》曰："元首明哉！股肱良哉！"因斯以谈，君莫盛于唐尧，臣莫贤于后稷。后稷创业于唐尧，公刘发迹于西戎，文王改制，爰周郅隆，大行越成，而后陵迟衰微，千载亡声，岂不善始善终哉！然无异端，慎所由于前，谨遗教于后耳。①

司马相如虽然从古制传统说起，但并没有过分称颂古代所谓圣君，相反，倒有些高步阔视，睥睨往古之感，而且，这古制传统并不是他衡量汉德的标准，他是以古制传统、以传说及历史上的圣君作为汉武帝的陪衬。司马相如认为，古之人"未有殊尤绝迹可考于今者也。然犹蹑梁父，登泰山，建显号，施尊名。"也就是说，古人没什么特殊的作为，没什么了不起，可是还进行封禅，而"大汉之德"，"上畅九垓，下泝八埏，怀生之类，沾濡浸润"，遍布宇宙众生，而且，珍群灵兽奇草异木等符瑞层出不穷，"奇物谲诡，俶傥穷变"。② 司马相如认为武帝对天下的治理远远超过古代圣君，是三皇五帝之治无法比拟的。由此可见，司马相如封禅文同样具有以儒家之礼制传统作为武帝功业的缘饰的观念，可能自觉也可能是不自觉的，但却

---

① （梁）萧统编、（唐）李善注：《文选》，第48卷，2139～2140页，上海，上海古籍出版社，1986。本章所引《封禅文》《剧秦美新》《典引》原文，均出自这一版本《文选》。

② 本段所引司马相如文出自《文选》，第48卷，2140、2140～2141、2141页。

与最高统治者的意识形态并无二致。古代的三皇五帝之治虽然进入司马相如的视野，但并没有成为他的关注对象，而只是要借助于他们来称颂汉代的天下大治。

自司马相如生年（公元前179？）到班固卒年（公元92），时间约有二百七十余年之久。这么长的时间里，意识形态发生了很大变化。这些变化，在相如、扬、班三人的封禅文中反映得非常清晰。武帝以儒术缘饰鸿业，而相如也以古圣君作为武帝的衬托。扬雄的《剧秦美新》赞美的是王莽。王莽新朝全面推行儒家的复古主张，不是仅在意识形态领域做做样子，而是在政治体制上、在具体的实践中，王莽新政都全面恢复古制，他把儒生迂阔的理想变为现实。《汉书·王莽传中》："莽志方盛，以为四夷不足吞灭，专念稽古之事，复下书曰：'伏念予之皇始祖考虞帝，受终文祖，在璇玑玉衡以齐七政，遂类于上帝，禋于六宗，望秩于山川，遍于群神，巡狩五岳，群后四朝，敷奏以言，明试以功。予之受命即真，到于建国五年，已五载矣。阳九之厄既度，百六之会已过。岁在寿星，填在明堂，仓龙癸酉，德在中宫。"①王莽以舜帝封禅为典范，并把自己与舜相比照。"莽意以为制定则天下自平，故锐思于地里，制礼作乐，讲合《六经》之说。公卿旦入暮出，议论连年不决，不暇省狱讼冤结民之急务。"②王莽专心于制礼作乐，连现实的政务都弃之不顾，他的崇古尊儒可谓是到家了。

扬雄文赞美新朝的，也正是这点。他表面上以秦和新做对比，但其中还谈到了汉初。他认为秦"流唐漂虞、涤殷荡周"，废古圣传统而不用，并总结说："上览古在昔，有凭应而尚缺，焉坏彻而能全！故若古者称尧舜，威侮者陷桀纣，况尽泛扫前圣数千载功业，专用己之私，而能享祐者哉！"扬雄将秦祚之短

---

① 《汉书》，第99卷下，4131页。
② 《汉书》，第99卷下，4140页。

归之于没有遵循古制。他认为汉初"帝典阙而不补，王纲弛而未张"，而大新受命，"发秘府，览书林，遥集乎文雅之囿，翱翔乎礼乐之场，胤殷周之失业，绍唐虞之绝风"，"帝典阙者已补，王纲弛者已张"①。也就是说，扬雄将帝典，将遵循古制视为价值判断的标准，以此来衡量一个王朝。在这个意义上，扬雄是真心诚意地赞美王莽的。李善指责扬雄曰："进不能辟戟丹墀，亢辞鲠议；退不能草玄虚室，颐性全真；而反露才以耽宠，诡情以怀禄，素餐所刺，何以加焉！"②刘勰认为扬雄此文"诡言遁辞"（《文心雕龙·封禅》），《六臣注文选》李周翰注曰："是时雄仕莽朝，见莽数害正直之臣，恐己见害，故著此文，以秦酷暴之甚，以新室为美，将悦莽意，求免于祸，非本情也。"③这些指责和理解其实并未得扬雄本心，至少不全面。当时意识形态领域崇古复古思潮大盛，王莽也不过是顺应了时代思潮，并成为时代思潮的代表而已。即便扬雄有取悦免祸之意，文中热情赞颂王莽补帝典，张王纲，也不无发自内心的拥戴成分。④ 王莽在舆论和行动上都积极复古，扬雄为文的主旨也与之相辅相成，将帝典视为神圣的准则，赞美王莽新朝也正是取其能补帝典，张王纲。

　　进入东汉，班固所处时代历经汉光武帝、明帝、章帝。这六十年间，儒术的正统地位日益稳固。东汉初年的统治者看到了王莽全面崇古复古的巨大弊端，因而他们采取了不同的政

---

　　① 本段所引扬雄文，出自《文选》，第 48 卷，2150、2151、2151、2153、2155 页。

　　② 《文选》，第 48 卷，2148 页。

　　③ （梁）萧统编，（唐）李善、吕延济、刘良、张铣、吕向、李周翰注：《六臣注文选》，第 48 卷，911 页，北京，中华书局，1987。

　　④ 可参见阎步克《士大夫政治演生史稿》第九章《奉天法古的王莽新政》，北京，北京大学出版社，1996。

策。光武帝和明帝都具有十分清醒的头脑，吏治深刻，官员多以苛刻为能。这样，保证了他们政权的稳固。同时，王莽新朝崇儒复古的影响还在，所以帝王也尊崇儒术。《后汉书·儒林传》："及光武中兴，爱好经术，未及下车，而先访儒雅，采求阙文，补缀漏逸。""建武五年，乃修起太学，稽式古典，笾豆干戚之容，备之于列，服方领习矩步者，委它乎其中。"①总之，儒学的地位得到确立、巩固。班固的《典引》宗旨与主流意识形态也是十分默契的。在赞美汉王朝的功业上，他既不像司马相如那样以古圣尧舜和古传说中进行封禅的七十二君作为汉帝的陪衬，也不像扬雄那样将能否遵循古制作为价值判断的标准，而是将汉与尧同举，将今与古并称。他说："伊考自遂古，乃降戾爰兹，作者七十有四人，有不俾而假素，罔光度而遗章，今其如台而独阙也！"李善注曰："古封禅者七十二君，今又加之二汉。""故夫显定三才昭登之绩，匪尧不兴，铺闻遗策在下之训，匪汉不弘厥道。"文章结尾再次强调："将绵万嗣，扬洪辉，奋景炎，扇遗风，播芳烈，久而愈新，用而不竭，汪汪乎丕天之大律，其畴能亘之哉？唐哉皇哉，皇哉唐哉！"李善注："言谁能竟此道，惟唐尧与汉，汉与唐尧而已。"②

将尧舜等古圣君与今之帝王对比时的不同态度，实际上反映了对待传统和经典的态度。从李斯到班固，我们看到作者对经典态度的变化过程：由蔑视、淡漠、崇敬到与经典并列、自身成为经典之一。在这背后，深深隐伏着的是主流意识形态的变化。正是主流意识形态对经典重视的程度，制约、影响了创作者的观念。

---

① （南朝宋）范晔撰、（唐）李贤等注：《后汉书》，第79卷上，2545页，北京，中华书局，1965。

② 本段引《典引》原文及李善注出自《文选》，第48卷，2165、2165、2163、2166、2166页。

二、文本的外在形态受文化模式的影响。李斯颂秦的七篇石刻文，四言句为主，大体六韵一章，峄山、泰山、之罘、东观、碣石五篇刻石文，每篇两章，琅邪台刻石文共六章，会稽刻石文共四章。不论全篇由几章组成，这些诗歌的结构都是以六韵为基数。而以六为结构单位，这一文体特征与秦朝的文化模式有关。① 据《史记·秦始皇本纪》，秦法："数以六为纪，符、法冠皆六寸，而舆六尺，六尺为步，乘六马。"② 如此看来，李斯石刻文的结构模式，确实可以与秦帝国的文化体制联系起来。那么，这种联系是一个偶然现象，还是有其内在更深刻的原因呢？《史记·李斯列传》载："明法度，定律令，皆以始皇起。同文书。治离宫别馆，周遍天下。明年，又巡狩，外攘四夷，斯皆有力焉。"③ 可见，李斯积极参与了秦文化制度、意识形态的建设与确立。那么，他在颂扬秦始皇时，很可能受到亲自参与确立的法度规制的影响来确立文体的结构。从文本形态本身的传承角度考察，铭这种文体，在李斯之前，并没有如此整齐的、以六韵为结构基数的诗体形式。李斯在诗体封禅文上当属独创，而这独创之功，当是借了时代文化模式之光。

李斯的刻石铭文在文本体制上具有独创性，这和法家的厚古薄今观念具有密切的关联。可是，如果从思维模式上进一步深入考察，还会发现这一文本体制与古代传统哲学割不断的联系。李斯的刻石铭文每篇都是以六为基数，同时又是以三句为一节。三和六是《周易》的基本单位，每个单卦三爻，复卦六爻，显然，李斯刻石铭文的文本体制与《周易》的思维模式相

---

① 这一现象，公木指出过，见《李斯秦刻石铭文解说》，《吉林大学学报》1978(1)，又见于郭杰、李炳海、张庆利：《先秦诗歌史论》，416页，长春，吉林教育出版社，1995。

② 《史记》，第 6 卷，237～238 页。

③ 《史记》，第 87 卷，2546～2547 页。

通。另外，三句一节是古老的诗歌形式，李斯的刻石文又使这种诗体复活。① 当然，李斯在其刻石文中对《周易》思维模式，对三句一节诗体的借鉴、继承是不自觉的，他是在文体创新的过程中，无意识地又回到了古代。无论是《周易》的思维模式，还是古老的三句一节的诗体，客观上适应了法家所追求的简洁、峻峭的文体风格。

司马相如、扬雄、班固三家的封禅文，都呈现出鲜明的时代文体——赋的特征：极力铺陈，韵散结合。在大赋盛行的文化模式下，三位赋家很自然地采取了赋这种文体来创作封禅文。赋所具有的巨丽宏富特点，正与文章所要称颂的盛德相符，其他的文体则很难酣畅淋漓地表现被视为"王道之仪"的封禅盛事。

三家都对王朝盛德及符瑞之事竭力颂赞、描述。相如《封禅文》云："大汉之德，逢涌原泉，沕潏曼羡，旁魄四塞，云布雾散，上畅九垓，下泝八埏。怀生之类，沾濡浸润，协气横流，武节猋逝，迩陜游原，迥阔泳末，首恶郁没，晻昧昭晰，昆虫闿泽，回首面内。然后囿驺虞之珍群，徼麋鹿之怪兽，导一茎六穗于庖，牺双觡共柢之兽，获周馀珍放龟于岐，招翠黄乘龙于沼。鬼神接灵圉，宾于闲馆。奇物谲诡，俶傥穷变。钦哉，符瑞臻兹，犹以为德薄，不敢道封禅。盖周跃鱼陨航，休之以燎。微夫此之为符也，以登介丘，不亦恧乎！"②

扬雄《剧秦美新》曰："逮至大新受命，上帝还资，后土顾怀，玄符灵契，黄瑞涌出，滭浡沕潏，川流海渟，云动风偃。雾集雨散，诞弥八圻，上陈天庭，震声日景，炎光飞响，盈塞天渊之间。必有不可辞让云尔。于是乃奉若天命，穷宠极崇，

━━━━━━━━━━

① 笔者另有文论述《周易》爻辞与三句体诗结构模式，详见《〈周易〉与中国上古文学》，95～104 页，北京，北京师范大学出版社，2005。

② 《文选》，第 48 卷，2140～2141 页。

与天剖神符，地合灵契，创亿兆，规万世，奇伟倜傥谲诡，天祭地事。其异物殊怪，存乎五威将帅，班乎天下者，四十有八章。登假皇穹，铺衍下土，非新家其畴离之。卓哉煌煌，真天子之表也。若夫白鸠丹鸟，素鱼断蛇，方斯蔑矣。"①

班固《典引》曰："矧夫赫赫圣汉，巍巍唐基，沂测其源，乃先孕虞育夏，甄殷陶周，然后宣二祖之重光，袭四宗之缉熙。神灵日照，光被六幽，仁风翔乎海表，威灵行乎鬼区，匪亡回而不泯，微胡琐而不颐。故夫显定三才昭登之绩，匪尧不兴，铺闻遗策在下之训；匪汉不弘厥道。至于经纬乾坤，出入三光，外运浑元，内沾豪芒，性类循理，品物咸亨，其已久矣。盛哉！皇家帝世，德臣列辟，功君百王，荣镜宇宙，尊亡与亢。⋯⋯

于是三事岳牧之寮，佥尔而进曰：'陛下仰监唐典，中述祖则，俯蹈宗轨。躬奉天经，惇睦辨章之化洽。巡靖黎蒸，怀保鳏寡之惠浃。燔瘗县沈，肃祗群神之礼备。是以来仪集羽族于观魏，肉角驯毛宗于外圉，扰缙文皓质于郊，升黄辉采鳞于沼，甘露宵零于丰草，三足轩翥于茂树。若乃嘉谷灵草，奇兽神禽，应图合谍，穷祥极瑞者，朝夕坰牧，日月邦畿，卓荦乎方州，洋溢乎要荒。昔姬有素雉、朱鸟、玄秬、黄婺之事耳，君臣动色，左右相趣，济济翼翼，峨峨如也。盖用昭明寅畏，承聿怀之福。亦以宠灵文武，贻燕后昆，覆以懿铄，岂其为身而有颛辞也？⋯⋯'"②

三家都从空间的广布性来突出帝王之德，以嘉谷灵草、奇兽神禽的众多作为帝王之德的印证，努力夸大其辞。这些写法与汉大赋常见的从空间角度进行铺陈没有什么区别。同是铺陈，三人还有细微差异。扬雄不仅从空间广布性写帝德，还从

---

① 《文选》，第48卷，2152页。
② 《文选》，第48卷，2162～2164页。

时间绵延角度，称颂新朝"创亿兆，规万世"将永为后世之楷模。相如称扬汉朝，绝无依傍，显示出绝对的自信。扬雄和班固不然。扬雄以上帝和天命为号召，向上帝和天命那里寻找立朝的合理性，班固对汉世进行了历史溯源，使汉德有了更为深厚、更引以为傲的血统。在班固笔下，大汉圣德不再只是遍布宇宙，而是经纬乾坤，出入三光；不再只是被动地由鬼神来鉴证，而是"光被六幽"，"威灵行乎鬼区"，成为宇宙的主宰。对于祥瑞，相如、班固着力多、铺写详，而扬雄只是点到而已。可能是因为王莽新朝符瑞之事太滥，时人对此已有嘲讽，① 扬雄反而不便多言了。

　　三、作者对文本功能的期待与文学自觉意识的增强。李斯、司马相如等人的封禅文中，除突出封禅这种政治行为的重要意义之外，都强调文本的功能是歌颂帝王功德，润色鸿业。李斯刻石文云："从臣思迹，本原事业，祗诵功德。"（《峄山刻石》）"群臣诵功，请刻于石，表垂常式。"（《之罘刻石》）"群臣嘉德，祗诵圣烈，请刻之罘。"（《东观刻石》）"群臣诵烈，请刻此石，垂著仪矩"（《碣石刻石》）"从臣诵烈，请刻此石，光垂休铭。"（《会稽刻石》）②他对文本功能的期待是歌颂帝王功德，垂范于后世。这里，俨然秦始皇帝是万世规范的创制者。司马相如认为"前圣所以永保鸿名而常为称首者用此"③，指出古圣君借文本而传名后世，文本可使帝业永保鸿名，常为称扬。扬雄云："臣诚乐昭著新德，光之罔极。"班固云："窃作《典引》一篇，虽不足雍容明盛万分之一，犹启发愤满，觉悟童蒙，光扬

---

　　① 《汉书·王莽传中》："是时争为符命封侯，其不为者相戏曰：'独无天帝除书乎？'"（《汉书》，第99卷，4122页）

　　② 李斯刻石文引自《史记·秦始皇本纪》，分别见于《史记》，第6卷，243、249、250、252、262页。

　　③ 《文选》，第48卷，2143页。

大汉。"①具体言辞虽不同，但都表达了同样的意思，对文本功能有同样的期待。

在相同的期待之外，扬雄与班固二人，还有另外一层期待。如果说文本创制意在光扬天子之神威盛德是为公，那么扬雄与班固的另一层期待则是为私。

扬雄和班固面对前人尤其是司马相如的鸿文，都有不同程度的焦虑。对司马相如，扬雄并未作批评，只是客观地谈及："往时司马相如，作《封禅》一篇，以彰汉氏之休。"怎样超越司马相如的鸿文，在具体的立意、构架、行文风格上，扬班二人都各尽其才，各极其思，表现不尽相同，但有一点二人是相同的，就是都想越过相如，直接将自己创作的文本纳入到更古的传统中去，纳入到经典的行列中去。扬雄云："宜命贤哲，作《帝典》一篇，旧三为一袭，以示来人，摛之罔极。"②所谓"旧三为一袭"是期待自己的作品成为与《尧典》和《舜典》并列的第三部经典。扬雄具有非常明确、非常强烈的经典意识。《汉书·扬雄传下》班固赞曰："实好古而乐道，其意欲求文章成名于后世，以为经莫大于《易》，故作《太玄》。传莫大于《论语》，作《法言》。史篇莫善于《仓颉》，作《训纂》。箴莫善于《虞箴》，作《州箴》。赋莫深于《离骚》，反而广之。辞莫丽于相如，作四赋：皆斟酌其本，相与放依而驰骋云。"③班固这段话道出了扬雄一系列拟作的用意。

在封禅文家族里，班固是个后来者，这位后来者力求超越司马相如和扬雄二人由于所处年代早于己所占的优势，即自然秩序中的"优先"所带来的精神层面上的"权威"。他向前代大师

---

① 本段司马相如、扬雄、班固文出自《文选》，第48卷，2143、2149、2159页。

② 本段引文出自《文选》，第48卷，2149、2155页。

③ 《汉书》，第87卷下，3583页。

挑战，同时也向自身挑战。班固批评相如之文"靡而不典"，扬雄文"典而亡实"，"然皆游扬后世，垂为旧式"。言外之意不难明了，如此有缺憾的文章竟然垂为范式，他心中不满，他要努力矫正前贤之偏失，做一篇完美的大文超越前人，重立典则。从篇章的命名上看，他直接以"典"命名。对其命名的用意，蔡邕这样解释："《典引》者，篇名也。典者，常也，法也。引者，伸也，长也。《尚书疏》，尧之常法，谓之《尧典》。汉绍其绪，伸而长之也。"①就是说，班固从命名上就直承《尧典》，既是指汉代统治者刘姓是尧后，汉之功业承绍尧帝，同时，也含有以自己之著作为《尧典》之绪的意思。

除受前代影响而产生的焦虑及对文本超越前人、重立典则功能的期待之外，扬班二人都还存有超越死亡与永垂不朽的追求，并在这种焦虑和期待下，希望文本具有传个体声名于后世，使个体永垂不朽的功能。在《剧秦美新》的小序中，扬雄谈道："臣常有颠眴病，恐一旦先犬马填沟壑，所怀不章，长恨黄泉，敢竭肝胆、写腹心，作《剧秦美新》一篇，虽未究万分之一，亦臣之极思也。"②看上去，是欲尽为臣者之忠心，但他更想表达的是欲借此文传名后世，与死亡之必然性相对抗的意愿。正如寄托在其他经传仿制文本上的期待一样，扬雄都离不开"成名于后世"的念头。如果未完成此文而辞世，令其长恨黄泉的，可能更多地不是新朝之盛德未得到应有的赞颂，而是没有借歌颂新朝而扬己名于千古。

班固将扬雄尚未明确说出的意思表达得更为确切。《典引》小序云写作此文要光扬大汉，轶声前代，"然后退入沟壑，死而不朽"③。他希望这篇鸿文能够确立自己的身后名，他把死

────────────

① 《文选》，第 48 卷，2158 页。
② 《文选》，第 48 卷，2149 页。
③ 《文选》，第 48 卷，2159 页。

而不朽的愿望寄托在这篇封禅文上。

回过头来，我们不妨看看司马相如。他的《封禅文》中并没有对文本能为自己声名传之后世的功能期待，但是文中也有"将袭旧六为七，摅之亡穷"的语句。服虔注曰："旧为《六经》，汉欲《七经》。"①意指汉经将与六经并列为七经。这第七经究竟是什么，是谁的作品？指的当是记录汉武事迹，尤其不可少封禅事的史册。这里，司马相如并没有明确地表明自己的文本就是那个第七经。但是，至少他看到了称颂帝王封禅的文章具有传之无穷的可能。巧得很，其文是相如死后武帝才得到的遗产，那么，是不是也隐含着生命终了前以文章来抗拒死亡并渴望不朽的心思？

从文本能给个体带来什么的这个角度看，李斯之颂圣没有为自己传名的愿望。从司马相如到班固，他们对文本能够使作者死而不朽、声名永传的功能期待越来越清晰，越来越明确。这不是偶然现象。它与自西汉时起文学逐渐与学术相分离，渐趋独立的过程是同步同趋的。人们对文学的价值与地位越来越重视。一百多年后，终于导引出曹丕"盖文章经国之大业，不朽之盛事"(《典论·论文》)的说法。这也是文学自觉的体现，文学自觉是一个渐进的过程。

第三节　本典与仿制：经典的形成及文学观念的变化

从文本继承角度考察，扬、班二人的封禅文是模拟司马相如的文本而成的。那么，本典与仿拟文本之间有什么关系？仿拟文本沿用了哪些本典的构成因素？又有哪些创新和突破？仿拟文本出现后，给本典增添了什么价值和意义？仿拟文本本身

① 《文选》，第48卷，2143页。

的价值何在？

从文本上看，司马相如的创作并没有明确的经典意识，他并不是有意识地要创制一个经典性的文本，他的文本只是应运而生。《封禅文》虽然是"维新之作"（《文心雕龙·封禅文》），然而其经典意义，是在扬雄与班固等人的拟作产生之后才逐渐确立的。扬雄、班固等人仿拟文本的出现，确立了《封禅文》的经典地位，并且促成了一个文类的产生。《文心雕龙》把它们归入封禅文类，《文选》把它们归入"符命"类，都成为一种独立的文体。

司马相如确立了一种创作封禅文的基本思路。那就是，不具体描述封禅仪式，而是借封禅这件事称颂当朝帝王之威德。这种思路虽然与司马相如写封禅文时汉武帝还未举行封禅有关，可后来扬、班二人都采用了同样的思路。在司马相如文中，他力陈举行封禅的理由，主要从两个角度阐发：一是古代有此传统，乃"王道之仪"；二是汉德已备，符瑞已降，天命昭显，条件已经成熟。班固文以谈举行封禅的重要意义及必要性为中心，以劝为旨归，虽然有所充益，引圣人孔子之言为依据，但大体构架上没有超出相如的思路，也是大讲古史传统与汉德及符瑞之盛。扬雄赞美已成事实之封禅，与二人不同，但是在文本中，他极力赞美王莽新朝能恢复古制的各种具体施为，对于封禅之前的种种盛德详加铺陈，大费周章，而对举行封禅之事却惜墨如金，寥寥几笔便带过。相如等人与帝王一样，看重的都是封禅仪式所具有的意义和效应，而不是仪式本身。

在结构和语体上，扬、班二人都没有以司马相如文本作为标准。司马相如《封禅文》的结构总体上由三部分组成：第一部分是散体大赋，旨在劝；第二部分是四言诗体的颂；第三部分是散文体，篇幅很小，意在讽。扬、班二人文本的结构，都没有后面两部分，没有四言诗体的颂，也没有讽。而且，扬、班二人的文本，都增加了小序，陈述创作缘起及目的。语体上，司马相如只有寥寥的 3 处引用、化用或模拟《尚书》语言；扬雄要多一些，有 15 处；班固则大量引用或化用《尚书》辞句，有 23 处。除此，班固还大量引用或化用其他经典《易》《诗》《礼记》的语句或文意。很明显，语体在日益向经典靠拢。正如刘勰所论："然自卿、渊已前，多俊才而不课学；雄、向以后，颇引书以助文。此取与之大际，其分不可乱者也。"①

为什么会有这样的变化？这与司马、扬、班三人的文学观念，尤其是对"典"的认识不同有关系。司马相如是作赋大家，他的《封禅文》从文体上看，也是一篇大赋，他自己与时人对赋的看法能够说明一些问题。《西京杂记》载，司马相如友人盛览，问作赋，"相如曰：'合綦组以成文，列锦绣而为质，一经一纬，一宫一商，此赋之迹也。赋家之心，苞括宇宙，总览人物，斯乃得之于内，不可得而传。'"②司马相如认为，作赋要讲究文采、结构、章法、音韵声调，对创作主体而言，要求纵横驰骋，具有宏阔的视野与气度，他丝毫没有宗经守典之意；又载，"司马长卿赋，时人皆称典而丽，虽诗人之作，不能加也。"③司马相如的作品，在当时人看来，是"典而丽"的，就是说，司马相如的赋合乎当时"典"的标准。《史记·司马相如列传》司马迁赞曰："相如虽多虚辞滥说，然其要归引之节俭，此与《诗》之风谏何异。"④在司马迁看来，相如虽文多虚夸铺衍之辞，但他文章结尾总有"归引之节俭"的内容，合乎《诗经》讽谏

---

① 范文澜：《文心雕龙注·才略》，700 页。

② （汉）刘歆撰，（晋）葛洪集、向新阳、刘克任校注：《西京杂记校注》，91 页，上海，上海古籍出版社，1991。

③ （汉）刘歆撰，（晋）葛洪集、向新阳、刘克任校注：《西京杂记校注》，147 页，上海，上海古籍出版社，1991。

④ 《史记》，第 117 卷，3073 页。

的传统，所以是应当给予肯定的。司马相如的《封禅文》中，结尾同其他赋一样，也有讽的内容。那么，应当符合司马迁及其他时人"典"的标准。其文辞之丽并不影响其文"典"的特征。

扬雄和班固对司马相如赋作的看法则不同。"扬雄以为靡丽之赋，劝百风一，犹驰骋郑卫之声，曲终而奏雅。"①而且，扬雄认为赋之讽，实际起不到讽的作用，相反，会起到劝的作用。《法言·吾子》："或曰：赋可以讽乎？曰：讽乎！讽则已；不已，吾恐不免于劝也。"②《汉书·扬雄传》："雄以为赋者，将以风也，必推类而言，极丽靡之辞，闳侈钜衍，竞于使人不能加也，既乃归之于正，然览者已过矣。往时武帝好神仙，相如上《大人赋》，欲以风，帝反缥缥有陵云之志。由是言之，赋劝而不止，明矣。"③扬雄否定作为点缀的讽的作用，所以，在《剧秦美新》中，他没有归之于讽，文本没有讽这一部分。在扬雄的观念中，赋分为诗人之赋与辞人之赋："诗人之赋丽以则，辞人之赋丽以淫。"（《法言·吾子》）依据扬雄的观点，相如的赋应当归入辞人之赋之列，而他自己，虽然以相如为榜样，④ 但是他要超越相如，其中凭恃的一点，就是不作"丽而淫"的辞人之赋，而创作"丽以则"的诗人之赋。扬雄肯定"丽"这一面，因而，其文也不遗余力地进行铺陈排比，但要以经为范式，要树立规范，要有"则"。至于为什么连"颂"也一并删除，笔者还没有找到确切的原因，可能是因为，既然为文要"则"，颂乃纯粹的诗体，而全文是散文体的，既然以封禅为题材，历史上有纯粹的诗体，那么，为了保证文体的纯正，要么采取散体形式，

---

① 《史记·司马相如列传》，3073 页。

② 《法言》，见《诸子集成》第七册，4 页。

③ 《汉书》，第 87 卷下，3575 页。

④ 《汉书·扬雄传》："先是时，蜀有司马相如，作赋甚弘丽温雅，雄心壮之，每作赋，常拟之以为式。"（《汉书》，第 87 卷上，3515 页）

要么采取颂体形式，二体相杂，似乎不够典正，所以，就弃相如文中诗体之颂。

扬雄文前面有小序，相如文中没有。扬雄之前的赋家，就现在看到的赋作来看，也没有小序，赋前小序，实始自扬雄，其《甘泉赋》《河东赋》《羽猎赋》《长杨赋》《酒赋》《解嘲》《解难》诸篇，都有小序说明创作缘起。小序的增加，应当说是对文章重视程度提高的一个表现。扬雄有许多仿古之作，如《太玄》《法言》，同时，扬雄又是一位具有自觉的文体创新意识的作家，他的《甘泉赋》《羽猎赋》《河东赋》《长杨赋》四赋虽然是受司马相如大赋的影响，但在体制上绝不与司马相如的《子虚赋》和《上林赋》雷同。即使是这四篇赋本身，也是体制各异，不相重复。《剧秦美新》一文无颂，大概也是他在文体上刻意求新所致。

班固《典引》基本思路借鉴了司马相如《封禅文》，结构体制沿用了扬雄《剧秦美新》，其取之于人，都与他对"典"的认识有关。在结构上，班固也没有结尾部分的讽。但是原因与扬雄可能不太一样。《典引》序中，班固称赞司马相如而对司马迁颇有微词。他说："司马迁著书成一家之言，扬名后世，至以身陷刑之故，反微文刺讥，贬损当世，非谊士也。司马相如洿行无节，但有浮华之辞，不周于用，至于疾病而遗忠，主上求取其书，竟得颂述功德，言封禅事，忠臣效也。至是贤迁远矣。"[1]我们可以非常清楚地看到，班固赞成与否定的标准是：对帝王是颂述功德，还是微文刺讥。前者，贤；后者，不贤。换言之，为文当以颂述功德为宗旨。更何况封禅这种典仪本身的意义就是要光扬帝王之德，所以，班固的《典引》也没有结尾的讽。

《后汉书·班彪传》载："(班)固又作《典引》篇，述叙汉德，

---

① 《文选》，第 48 卷，2158 页。

以为相如《封禅》，靡而不典，扬雄《美新》，典而不实，盖自谓得其致焉。"注曰："文虽靡丽，而体无古典。""体虽典则，而其事虚伪。"①班固对前面的两位大师都不满意，其评价的一个中心是为文要"典"。所谓"典"，一方面，思想要中正；另一方面，结构、语言要规则，排斥靡丽。于是，班固取司马相如颂汉德的中正思想，取扬雄文体上的纯正及语体上的引经据典倾向并发扬光大，并强调了汉受命的正统性，从而树立起自己心目中的典范之作。班固的拟作得到了他所期待的评价，刘勰《文心雕龙·封禅》论曰："《典引》所叙，雅有懿乎（宜作"采"），历鉴前作，能执厥中。"②

大体说来，司马相如文体不"典"，而扬、班二人则中规中矩，具有"典"的特征。这与三人的个性气质有关：司马相如是才子型文人，自然不愿受典章的约束；扬雄、班固是学者型文人，免不了以经典为准则。

司马相如的《封禅文》前散后颂的结构体制，吸纳了碑铭体：一方面，体现出赋这种文体巨大的兼容性；另一方面，也与汉武帝时代大一统的气魄相映成趣。扬、班二人对规范的追求，也带有各自时代文化的印迹。

① 《后汉书》，第 40 卷下，1375 页，北京，中华书局，1965。
② 范文澜：《文心雕龙注》，394 页。

第五章

《尚书》训体与《史》《汉》书志及《七发》

伪孔安国《尚书序》以典谟诰誓命训六体概指《尚书》的文类，此后，书分六体的说法为学人所公认。其中，对于训的含义，前人的理解不够全面，也没有给予足够的重视。本章从辨析训的含义入手，着重探讨《尚书》中训这种文体的类型、特征，训与《史记》《汉书》书志的关联，以及它与《七发》潜存的源流关系。

第一节　训的内涵及体类特征

最早确切地将《尚书》篇章划归于不同文本体类的，是唐代孔颖达。他将《尚书》分为十类：典谟训诰誓命贡范歌征。从对属于训类篇章的划分中，能够推断出他对训的理解。《尚书正义》："《伊训》一篇，训也。""其《太甲》、《咸有一德》，伊尹训道王，亦训之类。""《高宗肜日》与训序连文，亦训辞可知也。""《旅獒》戒王，亦训也。""《无逸》戒王，亦训也。"①比较明确的是，凡内容属于臣下规戒、引导君主的，称为

---

① 《尚书正义》，见（清）阮元校刻：《十三经注疏》，117页。

训。也就是说，在孔颖达的观念里，《尚书》中的训体，指的是臣下规戒、劝导君主的文献。这种理解并不错，但是不够全面。

训除了有规戒、劝导的意思外，还有一个很重要的含义——对知识的传授和解说。《说文解字》云："训，说教也。"段注："说教者，说释而教之。必顺其理，引伸之，凡顺皆曰训。"①训有解释传授知识的意思，这在《尚书》中就有例证。《伊训》："具训于蒙士。"孔颖达疏："蒙，谓蒙稚，卑小之称，故蒙士例谓下士也。"②训于蒙士，意思是详细地教导下级小官吏。蒙字还有不开化、无知的意思。因此，这句话还隐含着一层意思：让没有知识的人得到启蒙。《尚书》还有"训人"一词。《康诰》："不率大戛，矧惟外庶子、训人。"孔颖达疏："以致教诸子，故为训人⋯⋯惟举庶子之官者，以其教训公卿子弟最为急故也。郑玄以训人为师长，亦各一家之道也。"③训人，指教导公卿子弟的师长。师长的职责非常明确：传授知识，为各种疑难问题提供答案。孔颖达虽然正确地解释了训人一词的职责和意思，然而，遗憾的是他没有重视训的这个意思，没有把训的这个义项跟训体篇章归属联系起来。

先秦典籍中还提到"训辞"，指的也是解说之义。《国语·楚语下》："楚之所宝者，曰观射父，能作训辞，以行事于诸侯，使无以寡君为口实。又有左史倚相，能道训典，以叙百物，以朝夕献善败于寡君，使寡君无忘先王之业；又能上下说于鬼神，顺道其欲恶，使神无有怨痛于楚国。⋯⋯若诸侯之好币具，而导之以训辞，有不虞之备，而皇神相之，寡君其可以

---

① （汉）许慎撰、（清）段玉裁注：《说文解字》，91 页，上海，上海古籍出版社，1981。

② 《尚书正义》，见（清）阮元校刻：《十三经注疏》，163 页。

③ 《尚书正义》，见（清）阮元校刻：《十三经注疏》，204、205 页。

免罪于诸侯，而国民保焉。此楚国之宝也。"①观射父和左史倚相"能作训辞""能道训典"，被视为一国之宝。这段话提供了一个重要信息，作训者的知识和技能结构有两大方面：一是熟知历史文献；二是能知鬼神之事并与之沟通。具有了这样的本领，就能解说、传授、劝导诸侯。《尚书》中的训体文，就体现出以上特点。

仅就以训命名的篇章而言，也不只《尚书》一部。《逸周书》中有《度训解》《命训解》《常训解》和《时训解》四篇以训解命名。汉代《淮南子》二十篇都以训题名，它们都是取训有解说这项含义的明证。

训既然有传授知识、解答疑难这个义项，因此，《尚书》中归属于训体的篇章，就不仅是孔颖达划定的几篇。从所传授知识的内容上看，可分为两类。一是对自然地理知识的解说、传授，如《禹贡》；二是对社会政治及神异现象的解说。《高宗肜日》记祖己为高宗解释雉鸣于鼎耳的现象，② 当为训体。不过，这种划分只是相对而言的，不能绝对化。有些文本综合了两方面的内容，《洪范》就是如此，不仅有知识的讲解，还含有政教方面的劝导义。这类以传授、解说知识为主的训体文在《逸周书》中有很多，《度训解》《命训解》《常训解》《明堂解》《王会解》《谥法解》《职方解》诸篇都属此类。

训还含有政治方面教诲、引导、劝谏的意思。由这个义项而来，除孔颖达划归的《无逸》《旅獒》等篇之外，《西伯勘黎》和

---

① 上海师范大学古籍研究所校点：《国语》，580 页，上海，上海古籍出版社，1988。

② 《高宗肜日》所祭为谁，有两种说法。《书序》和《史记·殷本纪》认为是高宗武丁祭成汤，王国维认为是祖庚祭高宗庙，不是高宗祭成汤。（王国维：《高宗肜日说》，见《观堂集林》，第 1 卷，30 页，北京，中华书局，1959）依王说，则是祖己训教武丁的儿子祖庚。

《立政》也当归入训体。

训所含有的解说与政治教导两方面的意思并不是孤立的，二者有连带关系。训有解说的意思，而解说的基础是熟习自然地理或人文历史、社会政治等各种知识，劝导君主时，往往需要以丰富的知识作为背景，所以训体文侧重于政教劝导的，多数会含有较多的自然或历史掌故。有时臣子又会借对某种自然现象的解说来劝导君主。而且，解说、传授知识本身也含有教导的成分。所以，重解说与重教导二者有时很难截然分开。

从内容角度划分，《尚书》中的训体文大体可分为三种类型。

第一类，侧重于自然地理知识或社会政治知识的解说和传授。《禹贡》和《洪范》最为典型。

《禹贡》是一篇以记叙为总体框架，而内部说明性文字占很大比重的训体文。记述禹分别九州疆界，疏通河道，考察各地交通物产、贡赋的功业。这篇鸿文的开头与结尾属于叙述："禹敷土，随山刊木，奠高山大川。"①"东渐于海，西被于流沙，朔南暨声教讫于四海。禹锡玄圭，告厥成功。"②中间的部分，叙述性文字与说明性文字夹杂交替。全文分为三部分，介绍九州、九川及领地外围政治区划情况。九州部分，每段以某州的疆域开头，而不是以禹至某州的形式开头，这就首先给人以鲜明的关于某地的印象，而不是关于禹的行动，总体上看更接近说明文，对禹踪迹、举措的记叙是在说明性质文字包裹之中的，如开头两段：

冀州：既载壹口，治梁及岐。既修太原，至于岳阳。覃怀底绩，至于衡漳。厥土惟白壤，厥赋惟上上，错，厥田惟中中。恒、卫既从，大陆既作。岛夷皮服，夹右碣石，入于河。

---

① 《尚书正义》，见（清）阮元校刻：《十三经注疏》，146 页。
② 《尚书正义》，见（清）阮元校刻：《十三经注疏》，153 页。

济、河惟兖州：九河既道，雷夏既泽，雍、沮会同。桑土既蚕，是降丘宅土。厥土黑坟，厥草惟繇，厥木惟条。厥土惟中下，厥赋贞，作十有三载乃同。厥贡漆丝，厥篚织文。浮于济、漯，达于河。①

其他仿此，不赘述。

第二部分用"导""过"等动词叙述禹治河的方式及行程，同时也说明了各水系的地理位置、走向及入海处，如曰："导弱水至于合黎，余波入于流沙。"②"岷山导江，东别为沱；又东至于澧；过九江，至于东陵；东迤北，会于汇；东为中江，入于海。"③

第三部分是完全属于说明性质的文字。如首段："五百里甸服。百里赋纳总，二百里纳至，三百里纳秸服，四百里粟，五百里米。"④这里看不到禹的行动，看到的是对行政区属及纳赋物产的说明和规定。其他以五百里为一区划单位，由近及远向外延展的侯服、绥服、要服、荒服，全部依照五百里甸服的说明方式，顺次排列。

《禹贡》文本没有对话或某人言说的字样，完全是记叙和说明相结合的形式。语言简洁质直，平铺直叙，不带有任何感情色彩。

---

① 《尚书正义》，见（清）阮元校刻：《十三经注疏》，146～147 页。
② 《尚书正义》，见（清）阮元校刻：《十三经注疏》，151 页。
③ 《尚书正义》，见（清）阮元校刻：《十三经注疏》，152 页。
④ 《尚书正义》，见（清）阮元校刻：《十三经注疏》，153 页。

这类重解说知识的篇章在《逸周书》中有很多。①《度训解》
《命训解》《常训解》分别讲述制度、命、民性之常,《周月解》和
《时训解》讲历法、《谥法解》讲谥法、《职方解》讲各地区划、山
川物产,《王会解》叙述并说明周王大会诸侯、诸侯献贡的场
景,其他如《王佩解》《武纪解》《铨法解》和《器服解》等都属此
类。其中《职方解》的内容、写法与《禹贡》十分相似。

《洪范》阐述的内容既包括自然科学,也包括政治哲学。全
文由两部分组成。第一部分写周武王询问箕子曰:"惟天阴骘
下民,相协厥居,我不知其彝伦攸叙。"②上帝的常理是依照什
么安排的。箕子为武王讲述了洪范九畴的神圣来历及传授过
程,鲧治水无功,上帝不传给鲧大法,禹兴起,上帝将大法传
给禹。第二部分是篇章的主体,箕子讲述洪范九畴的具体内
容,采用了总分方式加以说明。九畴包括:一、五行;二、五
事;三、八政;四、五纪;五、皇极;六、三德;七、稽疑;
八、庶征;九、五福、六极。进而一项项详加解说,如对五行
的阐释。

一、五行:一曰水,二曰火,三曰木,四曰金,五曰土。
水曰润下,火曰炎上,木曰曲直,金曰从革,土爰稼穑。润下

----

① 《尚书》和《逸周书》中有的篇章所涉内容也是有关政教知识的,
如《吕刑》,但言说者为君王,从形式上看属于君对臣,即上对下,笔者
把这类划入诰体。以君王的讲话为诰,臣子对君王的讲话为训。清代王
聘珍《大戴礼记解诂·目录》:"文王官人第七十二"注云:"文与《周书·
官人解》第五十八,大同小异。《周书序》云:'成王访周公以民事,周公
陈六征以观察之,作《官人》。'据此,则事属成王信矣。《大戴礼记》作文
王者,记者所闻异辞也。但如《周书》作'周公曰亦有六征'云云,训体
也。《大戴》作'王曰呜呼'云云,诰体也。诰当为文王。"(王聘珍:《大戴
礼记解诂》,7 页,北京,中华书局,1983)可见,王聘珍也以这一标准
区分训与诰。

② 《尚书正义》,见(清)阮元校刻:《十三经注疏》,187 页。

作咸，炎上作苦，曲直作酸，从革作辛，稼穑作甘。①

首先说明五行的内涵，其次说明每一物质的性质，再次说明由物质的性质产生的味觉结果。九畴之五纪讲的是五种纪时历算之术，与五行都属自然科学方面的内容。

还有政教方面的言说，如对五事的阐述。

二、五事：一曰貌，二曰言，三曰视，四曰听，五曰思，貌曰恭，言曰从，视曰明，听曰聪，思曰睿。恭作肃，从作义，明作晰，聪作谋，睿作圣。②

五事讲的是对君主自身五种行为的要求以及由此产生的良好效果。阐述的顺序是递进式的。九畴之八政（八项政务）、皇极（君主的统治准则）、三德（三种统治方式），都属于政治方面的内容；稽疑（运用卜筮）、庶征（五种由君主行为引起的自然界征兆）、五福（五种福运）、六极（六种责罚），内容有关天人互动，属自然与人事结合类。

自然科学与人文政治融合在同一文本中，这种情形的出现与祭祀和政权合一的社会组织有关。因此，政权和祭祀、天文、卜筮等内容都成为治国大法。

《逸周书》的《成开解》记周公向成王讲授政教之五典、九功、六则、四守、五示、三极；其他如《大开武解》《小开武解》和《大聚解》写的是周公为武王讲述为政之道，《官人解》写的是周公为成王讲述察人之道，都属于此类。这些篇章同《洪范》一样，都是君王问疑、臣子答难的结构，大多运用了总分式说明方法。

第二类，侧重对君主进行人文政教方面的规谏。古文《伊训》《太甲》《咸有一德》和今文《西伯勘黎》《无逸》可划归此类。

古文三篇是伊尹分别在太甲即位之初、即位之后、放于桐

---

① 《尚书正义》，见（清）阮元校刻：《十三经注疏》，188 页。
② 《尚书正义》，见（清）阮元校刻：《十三经注疏》，188 页。

宫又还政以后的训辞。即位之初，伊尹的语辞更多的是对国事的忧患，以此引起太甲的重视，让他明白治国不易。伊尹从前代正反两方面的历史说起：夏禹有德，山川鬼神皆安宁，其子孙无德而失国；商汤以宽政代虐政，获得民心。进而特别强调立国之初要树立良好的风气，以先王成汤为榜样。借引述商汤的"三风十愆"说，以不行德政的危害告诫太甲，提出警示，使其有所畏惧。太甲昏庸无道时，伊尹以自身的所见所闻要求太甲讲求忠信、恭敬其事，言辞恳切；太甲改过之后，伊尹重在劝导其居安思危。伊尹的训辞突出了两个思想：一是天命将罚恶德，因此要自始至终德行纯一；二是以先王为榜样，不要辱没祖先。

伊尹训辞意旨明确，语气比较和缓，《西伯勘黎》中的祖伊则不然。周文王战胜商的属国黎，祖伊奔告纣王。祖伊对纣王的无道直言不讳，当面指斥，把国家的行将灭亡归罪于纣王。他说："非先王不相我后人，惟王淫戏用自绝"，"不虞天性，不迪率典"。随后，他急切地质问纣王："大命不挚，今王其如台？"在行将灭亡之际，要有何举措？纣王漫不经心、有恃无恐地回答："我生不有命在天？"他认为有天命保佑自己，国家命运由"天"掌控，没有任何省悟、悔改、焦急的意思。这时，祖伊严辞训责纣王："乃罪多，参在上，乃能责命于天？"①祖伊对国家的命运十分担忧，对纣王的做法、糊涂十分气愤和痛心。

《无逸》写周公告诫成王不要贪图逸乐。全文以七个"周公曰"开头，结构非常严整。首段提出谈话的中心是君子不要贪图逸乐，无逸的根木是要先知稼穑之艰难，知小人之劳；第二段以几位正反两面的商王为例；第三段引几位周代先王，正面

---

① 本段引文均出自《尚书正义》，见（清）阮元校刻：《十三经注疏》，177 页。

举例，讲述恭谨勤政者保国日久、逸者亡国的道理；第四段告诫新继位的成王不要贪恋游逸、畋猎之乐；第五段讲述先王之正刑不可改变，成王需要教诲；第六段劝告成王要心胸宽广，听得进劝谏批评，敬德从事，不乱罚无辜；第七段总结，申明要以先人为鉴。

与商代的几篇训辞比较，周公的训辞表达了新思想。他在谈到商周两代四位先哲时，都特别突出君主的敬畏心理：殷中宗"严恭寅畏，天命自度，治民祗惧，不敢荒宁"；高宗也是"不敢荒宁"；祖甲"能保惠于庶民，不敢侮鳏寡"；文王"怀保小民，惠鲜鳏寡"，"不敢盘于游田"。他们都能够严于律己，不游逸玩乐，勤政爱民。商代"不知稼穑之艰难，不闻小人之劳，惟耽乐之从"①的君主，则很快会身亡国灭。从文章学的角度看，《无逸》各段之间有比较严密的逻辑关系，并成为一个有机的整体，虽然形式上仍然是记言，但不是一段段结构松散的语录，它实际上是由记言到成熟政论文的过渡形式。

《逸周书》中的《大戒解》写周公以"九备"劝诫成王，包括不要出观好怪，好威等。《芮良夫解》写芮伯劝诫周厉王不要专利作威，以贪谀为事，不勤政以备难，也属此类。

这类训体文，与重传授知识类型的训辞不同，带有或强或弱的感情色彩。规谏者针对的对象不同，训辞的语言风格也不相同。当君主尚无过失时，为防患于未然，语言比较和缓，语重心长。而当君主的无道已经造成严重危害时，臣下谏净于已然，语言则严厉直急。

第三类，具有综合性，解说现象或传授知识与对君主的政治教导结合在一起。《高宗肜日》和《立政》属于此类。

《高宗肜日》云："高宗肜日越有雊雉。祖己曰：'惟先格

---

① 本段引文均出自《尚书正义》，见（清）阮元校刻：《十三经注疏》，221、221、221、222、222 页。

王，正厥事。'乃训于王。"①高宗祭祀之日，有飞雉升鼎鸣于
耳，这是个异常的现象，引起高宗的恐慌。② 祖己先要宽解君
主之心，然后再纠正其祭祀中不合礼仪的地方。祖己说："惟
天监下民，典厥义。降年有永有不永，非天夭民，民中绝命。
民有不若德，不听罪。天既孚命正厥德，乃曰：'其如台？'"③
即，一个人的寿命长短，取决于是否所行合乎天道。其潜台词
是，异常现象对君主的寿夭、国家的命运并没有什么影响，只
要君主行事合乎义，异常现象就不会对人造成危害。祖己的说
法虽然不是直接解释雉鸣现象，但是仍然没有脱离对异常现象
的态度；而且，他言说的实质是提出一个立身处事和治国的标
准：依天义而行。言辞中含有教诲成分是不言而喻的。最后，
祖己非常明确地表达了规劝的意思，指出高宗祭祀中的不当之
处是"典祀无丰于昵"④，祭祀有常制，不应当对于己关系近者
特别丰厚。⑤ 这篇训辞，起因是有异常现象，引起君主不安，
需要解释。祖己在为高宗解释现象的同时，又以正确之道教
诲、规劝高宗。

《立政》是周公向成王讲述官制的一篇训辞，是研究周代官
制的重要文献。周公总结夏商两代选用官员的历史经验和教

---

① 《尚书正义》，见（清）阮元校刻：《十三经注疏》，176 页。
② 至于为什么有雉鸣会引起恐慌，学者有几种说法，可参见刘起
釪《〈商书·高宗肜日〉所反映的历史事实》"关于雉灾异的问题"一节。（刘
起釪：《古史续辨》，254～257 页，北京，中国社会科学出版社，1991）
因与本章关系不大，这里不作讨论。
③ 《尚书正义》，见（清）阮元校刻：《十三经注疏》，176 页。
④ 同上。
⑤ 对"典祀无丰于昵"的解释，详参臧克和：《尚书文字校诂》，
195～197 页，上海，上海教育出版社，1999。

训，讲述文王和武王时的官制及任用官员的法则，① 并告诫成王立官设制的准则。官职中以立事（治事官）、准人（执法官）、牧夫（治民官）为主，尤其强调刑狱职官。周公训辞以官制为中心，还多有对成王语重心长的告诫之语。每层意思的言说总要以一番告诫语开头，如讲夏商两代官制事，先说："呜呼！休兹知恤，鲜哉！"他感叹在美好安宁的时候就知道谨慎的人，很少啊。意在提醒成王要居安思危。而且再三讲"孺子王矣"，提醒成王如今乃一国之君，有重任在肩，不可儿戏，并说："呜呼！予旦已受人之徽言咸告孺子王矣。继自今文子文孙，其勿误于庶狱庶慎，惟正是义。""今文子文孙，孺子王矣，其勿误于庶狱，惟有司之牧夫。""呜呼！继自今后王立政，其惟克用常人。"②反复申说自己已经将前人的美言全都讲述给君王，请成王千万不要在狱讼上犯错误，让主管官员去治理。周公一方面以讲述政治知识为目的，另一方面也对成王进行思想上的教导。老臣赤诚之心，溢于言表。

综观三种类型的训体文，有以下几个特点。

1. 文本的外在结构形态由有记言标志发展为脱离记言标志。③《西伯勘黎》《洪范》是以一个人言说为主的君问臣答式，

①　刘起釪认为包括：机要枢密之臣；宫中之官；府职中之官；侯国之官；封疆之官。（刘起釪：《古史续辨》，391页）

②　本段引文均出自《尚书正义》，见（清）阮元校刻：《十三经注疏》，230、232、232、232页。

③　《大戴礼记·夏小正》以自问自答方式解说，省略具体的人物，也是训体的一种。如"正月必雷，雷不必闻，惟雉为必闻。何以谓之？雷则雉震呴，相识以雷。鱼陟负冰。陟，升也。负冰云者，言解蛰也。""鹰则为鸠。鹰也者，其杀之时也。鸠也者，非其杀之时也。善变而之仁也，故其言之也曰'则'，尽其辞也。鸠为鹰，变而之不仁也，故不尽其辞也。"（王聘珍撰、王文锦点校：《大戴礼记解诂》，25～26、28页，北京，中华书局，1983）

《高宗肜日》《立政》和《无逸》几篇完全是一个人的言说，《禹贡》完全脱离了记言方式。

2. 文本的内在结构形态大致有两种：总体记叙框架中包含说明（《禹贡》）；议论的框架中包含说明及对历史事件的叙述。

3. 某些涉及社会政治制度的篇章如《立政》，文本虽然具有某种专史的特征，但是史的追述是为了以史为鉴戒，本来的目的并不是写作某种制度史。

第二节　训与《史》《汉》书志体

《尚书》训体文与后代史传文学体例和其他文体之间具有不同形式的联系。第一类和第三类训体文与《史记》《汉书》的书志体例存在一定的承传关系。它们涉及的内容范围：对自然科学或社会政治生活诸层面的解说、记述，也正是书志体的内容。从言说或写作的目的上看，《无逸》和《立政》篇中对于史的追述，目的是要以史为鉴，更着重于其现实意义，并不是要叙述治国史、官制史及刑法史。书志体的部分篇章对史的记述也具有同样的目的。这在《史记·太史公自序》对创作八书的宗旨及《汉书·叙传》对十志宗旨的解说中可以清晰地看出来。可以说，这两

类训体，是汉代书志体的雏形，是书志体的源头之一。① 第二

---

① 关于书志体例的渊源，前人有多种说法。将书志体例溯源于古代典志及《尚书》的有如下几家。吕思勉："八书之作，则出于古之典志"（吕思勉：《史通评·内篇六家第一》，3 页，北京，商务印书馆，1934）"凡一官署，必有记其职掌之书，……大约属于何官之守者，则何官之史所记耳，此即后世之典志，八书之所本也。"（《史通评》，4 页）梁启超："纪传体中有书志一门，盖导源于《尚书》，而旨趣在专纪文物制度，此又与吾侪所要求之新史较为接近者也。然兹事所贵在会通古今，观其沿革。"（梁启超：《中国历史研究法》，27～28 页，上海，华东师范大学出版社，1995）范文澜《正史考略》"史记"条："八《书》之作，则取《尚书》之《尧典》《禹贡》。"（范文澜：《正史考略》，11 页，北平，文化学社印行，1931）又《文心雕龙注》卷四《史传》注："《史记》八书，实取则《尚书》，故名曰'书'。《尚书·尧典》、《禹贡》，后世史官所记，略去小事，综括大典，追述而成。故如'乃命羲和，钦若昊天，历象日月星辰，敬授人时。……以闰月定四时成岁。'即《律书》、《历书》、《天官书》所由昉也。'帝曰，夔，命汝典乐。……百兽率舞。'《乐书》所由昉也。'帝曰，弃，黎民阻饥，汝后稷，播时百谷。'《平准书》所由昉也。《禹贡》一篇，《河渠书》所由昉也。"（范文澜：《文心雕龙注》，293 页）尚镕《史记辨证》卷三："《天官书》，源出《尧典》。"（转引自聂石樵《司马迁论稿》，112 页，北京，人民教育出版社，2001）聂石樵先生观点与范文澜相同。聂先生认为："'书'之体例，当源于《尚书》。"（聂石樵：《先秦两汉文学史稿·两汉卷》，95 页，北京，北京师范大学出版社，1994）聂先生详细论述了"《尧典》、《舜典》所记述之律历、柴祀、巡狩、刑律、谷殖之事，皆《史记》诸'书'所从出。""《河渠书》所记大禹治水，迄于战国、秦、汉水利渠田诸事，固当采自《禹贡》。""《史记》之'书'体，是将《尚书》之内容分类专论，溯其所本，盖源于《尚书》。"（聂石樵：《先秦两汉文学史稿·两汉卷》，95～96 页）陈桐生认为，《尚书》只是提供了《史记》的原型，对八书创制有决定影响的是改制学说。详见陈桐生：《中国史官文化与〈史记〉》一书"《史记》'八书'的通变论"一节，165～167 页，汕头，汕头大学出版社，1993。陈桐生还详细论述了《尧典》与战国秦汉之际受命改制学说的关系，见陈桐生：《〈史记〉八书考源》，载《学术研究》，2000(9)。

类则是后代政论文的源头之一。此外,《无逸》与七体辞赋存在一定关联。

训是书志体的源头,还可以从思想观念和文本结构形态两方面寻找出书志体与训的承传关系。

一、思想观念。前贤所论《尧典》《舜典》所记律历、祭祀、巡狩、刑律、谷殖等事,是书志体资料的来源,并不错。但这只是就内容而言,只是内容方面的一一对应。从思想观念角度考察,就不免会产生疑问。以志书中的律历和封禅(郊祀)为例,《尧典》中虽有尧命官制定四时历法节令之事,但并没有任何星相律历与人事相对应,无法使之成为一个相互作用、相互影响的整体系统的观念。而《史记》的《律书》《历书》和《天官书》,《汉书》的《律历志》和《天文志》,除了对律、历、星辰、风等自然现象进行平实的解说外,还把它们与人事现象密切地联系起来,《天官书》和《天文书》更是具有浓重的占星术色彩。司马迁和班固并没有把这些本来纯属于自然科学的专题,完全写成自然科学文章的样子,它们不仅是关于律历和天文的自然科学文本,还渗透着明显而浓厚的人文思想,充分体现出天人感应和阴阳五行的哲学观念。《尧典》虽然有舜祭四岳之事,但并没有提及符瑞之事,而《史记·封禅书》和《汉书·郊祀志》则多讲符瑞。所谓符瑞,实是天对人间政治的鉴定,体现的仍然是重视天人关系的思想及天人合一的哲学观念。

既然重视天人关系的思想不是来自《尧典》,那么,它是从哪里来的?从这个角度研究,《洪范》对书志体的重要影响就显现出来了。对此,前人没有给予重视,甚至未曾提及。《洪范》所言有自然科学也有人文科学,还蕴涵着哲学思想,出现了

"五行"①这个概念。王国维还把五行、五事、庶征、六极画成
关系对应表。② 其中"庶征"部分讲述的是天人相应的各种征
兆，充分体现了天人合一、天人互动的思想。《洪范》文曰：

> 曰休征：曰肃，时寒若；曰乂，时旸若，曰晰，时燠若；
> 曰谋，时寒若；曰圣，时风若。曰咎征：曰狂，恒雨若；曰
> 僭，恒旸若；曰豫，恒燠若；曰急，恒寒若；曰蒙，恒
> 风若。③

好征兆：君王恭敬，天就及时降雨；君王政治清明，就会气候
晴明；君王明察，及时温暖；君王有谋略，及时寒冷；君王圣
智，及时有风。坏征兆：君王狂妄，则大雨不止；君王行事错
乱，经常干旱；君王行动迟缓，经常闷热；君王峻急，经常寒
冷；君王昏聩不明，经常大风。④《汉书·五行志》对君王行为
与气候的关系有这样一番解释："肃，敬也。内曰恭，外曰敬。
人君行己，体貌不恭，怠慢骄蹇，则不能敬万事，失在狂易，
故其咎狂也。上嫚下暴，则阴气胜，故其罚常雨也。"⑤君王不

---

① 刘起釪《〈洪范〉这篇统治大法的形成过程》一文引述梁启超的看
法，认为《洪范》五行不过是将物质分为五类。"可见当《洪范》采用水、
火、木、金、土作为'五行'时，还处在此五者结合于五行的早期阶段。"
（刘起釪：《古史续辨》，323 页）

② 王国维：《古史新证》，270 页，北京，清华大学出版社，1994。

③ 《尚书正义》，见（清）阮元校刻：《十三经注疏》，192 页。

④ 对于这段话有两种不同的理解。一种认为是君主的行为导致天
象的变化，另一种认为是用天象来形容、比喻君主的行为。歧义的关键
在于对"若"的理解不同。第二种解释将"若"理解成"好像"。笔者认为，
这里的"若"，其实是个语助词。《周易·乾》九三爻辞曰："君子终日乾
乾，夕惕若。厉，无咎。"其中的"若"也是用在句尾，没有实在的意思。
而且，如果将"若"理解成"好像"的意思，所谓的"休征""咎征"的"征"就
没有什么特别的意义了。

⑤ 《汉书》，第 27 卷中，1353 页。

恭，导致天灾。天灾是作为对君王的惩罚而出现的。很明显，这种解说体现的是天人感应的观念。这种重天人关系的观念又见于《史记·太史公自序》，文曰："礼乐损益，律历改易，兵权山川鬼神，天人之际，承敝通变，作八书。"①司马迁自云作八书的宗旨是关系"天人之际"的。《汉书·叙传》也有类似表述，如"炫炫上天，县象著明，日月周辉，星辰垂精。百官立法，宫室混成，降应王政，景以烛形。三季之后，厥事放纷，举其占应，览故考新。述《天文志》第六"②。就是说，人事是依仿天相而确立的。

《尚书·洪范》将自然科学与人文哲学纠结在一起，重视天人关系这一思想。不仅书志体，《淮南子》的《天文训》《地形训》《时则训》也具有这个特点。《淮南子·要略》对此解说得十分明确："《天文》者，所以和阴阳之气，理日月之光，节开塞之时，列星辰之行，知逆顺之变，避忌讳之殃，顺时运之应，法五神之常，使人有以仰天承顺，而不乱其常者也。《地形》者，所以穷南北之修，极东西之广，经山陵之形，区川谷之居，明万物之主，知生类之众，列山渊之数，规远近之路，使人通回周备，不可动以物，不可惊以怪者也。《时则》者，所以上因天时，下尽地力，据度行当，合诸人则，形十二节，以为法式，终而复始，转于无极，因循仿依，以知祸福，操舍开塞，各有龙忌，发号施令，以时教期，使君人者知所以从事。"③虽然有自然科学方面的解说，然而归宿却落实到人事，要为人提供趋利避害的依据，天文、地理、时令都成为人行为的规范，与人的行为息息相关。

二、文本结构形态。论理、述史和说明相结合的结构形态

---

① 《史记》，第 130 卷，3319 页。

② 《汉书》，第 100 卷下，4243 页。

③ （汉）高诱注：《淮南子》，见《诸子集成》，第七册，370 页。

在《尚书》中比较多见，如《立政》中周公追溯了夏、商两代选官的事情和周代文王、武王时的官制，强调刑狱职官的重要性，篇章中的史事起到使君王了解历史以及劝诫君王两个作用。《立政》具有关于政治制度某一方面或以一个观念为中心组织起一系列史事的特点，而不只是史事的罗列。这种结构形态，在《史记》和《汉书》的书志中不乏其例。

《律书》虽然有对于史事的叙述，但这些史事是作者组织在某个观点之下的，如首先论"兵者，圣人所以讨强暴，平乱世，夷险阻，救危殆"①，再述史事，述史事中又多夹议论，史事只是作为表达作者意见的论据。《律书》的主体是用阴阳观念对风的种类、方位、意义及律数算法进行说明。《五行志》解说各种自然灾异现象，全文依照《洪范》所云五行五事为骨架。首先提出九法的神圣来历、九法的总纲及传承。随后，对《洪范》的五行、五事、休征和咎征进行充分阐释。五行部分运用"经曰""传曰""说曰"三种形式，"经曰"引述《洪范》原文，"传曰"对原文进行理论阐发，"说曰"再对传文进行解说，然后记历代与此相应的诸多事件。对于五事、休征和咎征的阐释也采用了同样的方式，只不过字面上省去了"说曰"，把"说曰"部分的内容都纳入"传曰"而已。尽管《五行志》对历史事件的记叙占了全文绝大部分的篇幅，可是这些历史事件却统纳在一个五行五事天人相应的总体框架之中，而不是在观念之外独立存在。《礼乐志》《刑法志》《食货志》《郊祀志》和《天文志》都以议论开篇，论礼乐、刑法等的意义功用，随后述及历史上的各种有关情况，最后大多以简论结束。《历书》是对关于时历之史的叙述及对汉历的具体说明。《封禅书》先以议论开篇，随后展开对自往古至武帝以来，诸帝王封禅事的叙述，间或杂有作者的评

---

① 《史记》，第 22 卷，1240 页。

论。《律历志》《地理志》《沟洫志》则是以说明性文字及史事记述为主。

《史》《汉》书志论理与述史及说明并重，这种情形与论和说二者意思上天然的接近，论本身的含义以及人们的论说观念有关。

《淮南子·要略》："夫作为书论者，所以纪纲道德，经纬人事，上考之天，下揆之地，中通诸理。虽未能抽引玄妙之中才，繁然足以观终始矣。总要举凡，而语不剖判纯朴，靡散大宗，惧为人之昏昏然弗能知也；故多为之辞，博为之说，又恐人之离本就末也。"①前面"作为书论者"云云，"论"指的是阐明道理。后面"故多为之辞，博为之说"，则说是论的一种手段，论与说各有侧重，但实在如影随形，难以区分。

司马迁和班固二位史家在行文中，有时所用"论"字，其实包含着集聚并序次的含义，如《太史公自序》云："星气之书，多杂禨祥，不经；推其文，考其应，不殊。比集论其行事，验于轨度以次，作《天官书》第五。"②《汉书·礼乐志》云："周道始缺，怨刺之诗起。王泽既竭，而诗不能作。王官失业，《雅》《颂》相错，孔子论而定之"，③"其余巡狩福应之事，不序郊庙，故弗论。"④《地理志（下）》："汉承百王之末，国土变改，民人迁徙，成帝时刘向略言其地分，丞相张禹使属颍川朱赣条其风俗，犹未宣究，故辑而论之，终其本末著于篇。"⑤《沟洫志》："中国川原以百数，莫著于四渎，而河为宗。孔子曰：

① 《淮南子》，见《诸子集成》，第七册，369页。
② 《史记》，第130卷，3306页。
③ 《汉书》，第22卷，1042页。
④ 《汉书》，第22卷，1070页。
⑤ 《汉书》，第28卷下，1640页。

'多闻而志之，知之次也。'国之利害，故备论共事。"①《艺文志》："丘明恐弟子各安其意，以失其真，故论本事而作传，明夫子不以空言说经也。"②这些语段中的"论"字，就不仅是议论这一层意思，还有整理、使散乱的材料有序、记叙等意思。论，从言，仑声。仑，甲骨文作龠，在册之上增亼（jí），有聚义，从亼从册，犹言整理简册，其本义就是编纂。③ 仑虽为论的声旁，实际上也有表意功能。论有聚集、编纂言论、文字及事件的意思。《论语》中的"论"就是在这个意义上使用的。从司马迁和班固用"论"字的情形看，不限于论理一点。因此，文本以观点组织起众多本来杂乱无章的史事，有说明有议论，井然有序，就很自然了。

还有一个有意思的现象，《汉书》十志中，不仅有史家的论、述和说，还录有君臣的歌诗和奏章，如《沟洫志》载汉武帝悼治河之功不成的歌诗；汉哀帝时待诏贾让关于治理黄河的奏言，即那篇十分著名的《治河三策》。如此一来，就使文本具有档案性质，这与《尚书》相近。仿佛史学家走了一段路，回过头来又自觉或不自觉地向属于史书简朴形式的《尚书》靠拢。

当然，《史记》《汉书》的书志体例除与《尚书》有一脉相承的一面，司马迁和班固两位史家也多有自己的创新。内容上多有拓展，像礼、平准、食货、艺文等专题，在《尚书》中都没有专门论述的篇章，有的甚至连提都未曾提及。即便有些专题承自《尚书》，内容也有拓展，如《地理志》与《禹贡》相近，《禹贡》并未写某地区民众之性情、风习，而《地理志》中则有此内容。还形成专史性质的文本，如《河渠书》述治河、漕运和水利之史

① 《汉书》，第 29 卷，1698 页。
② 《汉书》，第 30 卷，1715 页。
③ 对"仑"的解释，详见尹黎云：《汉字字源系统研究》，188 页，北京，中国人民大学出版社，1998。

事，由禹至武帝，《地理志》和《沟洫志》重在汉代，时间上也向前延伸。它们的内容源于《禹贡》，但是远远超出了《禹贡》"断代"式的思路和视野。《汉书·艺文志》中，班固分门别类地载录典籍，共计有六艺九种、诸子十家、歌赋、兵、数术和方技数项，并且进行了辨章学术、考镜源流的工作，尤其是了不起的创举。这些不是本章论述的重点，不再详加讨论。

第三节　训与谏诫文及《七发》

《尚书》训体文中重以政治劝导一类的如《伊训》《西伯戡黎》《无逸》等，与后代以谏诫为主的部分政论文联系起来看，可以说前者奠定了一种劝谏的论说方式。这种言说方式主要有三方面的特征。

1. 以历史事件作为论据。《无逸》中周公正反两方面举证，历史上的殷周几位帝王因为能做到知稼穑之艰难，保民勤政，不贪图安乐，所以享国日久；相反，贪图安乐的帝王则很快亡国。周公以此说明不当贪图享乐游观的道理。李斯《谏逐客书》和贾谊《过秦论（上）》也都采取了这种论说方式。李斯举秦国历史上的缪公、孝公、惠王、昭王四位君主，因用客卿而强国称霸，以证客之不当逐。贾谊《过秦论（上）》没有将笔墨放在秦如何倒行逆施上，而是历举秦孝公、惠王、昭王兼取天下的心志及当时天下大势，秦始皇威加四海及其种种政治作为，通过大量历史事件的对比，得出结论：由于始皇"仁义不施"而导致"攻守之势异也"，强大的秦帝国最终却亡于陈胜等小民之手。刘向《谏外家封事》也运用了同样的论说方式，在鲜明地阐明观点后，刘向举出春秋战国时代诸多臣势过强终乱国政的历史事实，如秦二世专信赵高亡国，汉室初兴时诸吕擅权危乱刘氏，再举昭帝、宣帝不与外戚权柄以求安之事，论说应当"黜远外戚，毋授以政"的道理。全篇几乎全用历史材料作为立论的依据、劝谏的理由。扬雄的《谏不许单于朝书》认为单于上书求朝，而汉室不许，将造成两家从此有隙。他引秦始皇、汉高祖、文帝、武帝时事以论说匈奴为中国大敌，不易臣服。这类论说方式，《尚书·无逸》实肇其端，开其源。

2. 浓重的忧患意识及较强的感情色彩。《伊训》中伊尹引述成汤告诫百官的"三风十愆"说，并指出它们的严重危害，只要行为沾染上其中一种，卿士必丧家，邦君必亡国。之后，伊尹对太甲再次进行告诫，曰："呜呼！嗣王祗厥身，念哉！……尔惟德罔小，万邦惟庆；尔惟不德罔大，坠厥宗。"①言辞中充满对君王能否敬从先王之命，严于律己，恭行正道的担忧和对国家命运的忧患。《无逸》中周公对成王的言辞也是如此，讲述每层意思都以"呜呼"发端，最后曰："呜呼！嗣王其监于兹"②，也表现出对君王能否承担起治国的重任及对国家兴亡的忧患。伊尹和周公都以老臣的身份讲话，语重心长，希望能够引起君王的重视和警惕，唤起君王的忧患意识，充分认识治国不易，当谨慎从事，防患于未然。强烈的忧患意识牵引出较强的感情色彩，二者之间存在由此而彼的关系。《西伯勘黎》有所不同，祖伊从周文王打败黎国这件事上，看到了文王势力的扩张以及对殷商的威胁，因而他质问纣王"大命不挚，今王其如台"，"殷之即丧，指乃功，不无戮于尔邦"③，就不仅仅是忧患国运，简直是焦急和气愤。不管怎么说，这些篇章都有较强的感情色彩。

汉代某些谏词同样也具有忧患意识及较强的感情色彩。贾谊《陈政事疏》那段著名的开头充满了强烈的感情："臣窃惟事势，可为痛哭者一，可为流涕者二，可为长太息者六，若其他

---

① 《尚书正义》，见(清)阮元校刻：《十三经注疏》，163页。

② 《尚书正义》，见(清)阮元校刻：《十三经注疏》，223页。

③ 《尚书正义》，见(清)阮元校刻：《十三经注疏》，177页。

背理而伤道者，难遍以疏举。"①汉文帝治淮南王悖逆之罪而立其诸子为王，贾谊作《谏立淮南诸子疏》，对这一行为将造成的后果痛加陈述，辞气颇急切。他指出此举是"擅仇人足以危汉之资"，"假贼兵为虎翼者也"，必然危及君王性命及国家安全。最后，贾谊曰："愿陛下少留计！"②简直是在恳求，恨不能拽住君王以阻止他。其忧患意识表达得十分直切。贾谊的《谏铸钱疏》论当时朝廷铸钱法令的弊端致使当时违禁之民众多，曰："夫县法以诱民，使入陷阱，孰积于此！曩禁铸钱，死罪积下；今公铸钱，黥罪及下。为法若此，上何赖焉？"论百姓铸钱导致农事荒弃，曰："善人怵而为奸邪，愿民陷而之刑戮，刑戮将甚不详，奈何而忽！"论朝廷收铜布、民不铸钱将有七福，曰："今久退七福而行博祸，臣诚伤之。"③作者的痛心及对官府的指责一泄无遗。言辞间作者灌注的情感是不难体会的。司马相如的《谏猎书》也体现出忧患意识："盖明者远见于未萌，而智者避危于无形"。④ 扬雄《上书谏哀帝勿许匈奴朝》亦云："夫明者视于无形，聪者听于无声，诚先于未然"，"唯陛下少留意于未乱未战，以遏边萌之祸"⑤。他们都以防患于未然为宗旨劝阻帝王。

　　3. 语言多铺陈排比。这种语言风格，《无逸》已见端倪。文章讲殷王中宗、高宗和祖甲三人，每段都以"其在某某"开头，以"肆某某之享国某某年"结尾，显示出对整齐和排比的有

　　① （西汉）贾谊著，王洲明、徐超校注：《贾谊集校注》，427 页，北京，人民文学出版社，1996。

　　② 王洲明、徐超校注：《贾谊集校注》，445 页。

　　③ 本段所引《谏铸钱疏》分别出自王洲明、徐超校注：《贾谊集校注》，443、443、444 页。

　　④ （汉）司马相如著，朱一清、孙以昭校注：《司马相如集校注》，96 页，北京，人民文学出版社，1996。

　　⑤ （汉）扬雄著、张震泽校注：《扬雄集校注》，288 页，上海，上海古籍出版社，1993。

意追求。李斯和贾谊的文章这方面更加突出。虽然李斯和贾谊这种文风与战国说辞有着更切近的关系，溯其源，却不能不至于《无逸》。

此外，《伊训》和《无逸》与枚乘《七发》还有思想上的源流关系。①

《七发》写吴太子病，客陈七事以启发太子。其中音乐、美味、骑马、游观、射猎、观涛六事都属于感官享受，而最后令太子病愈的，是请有资略的方术之士，"使之论天下之释微，理万物之是非"②。枚乘写出了物质享乐与精神追求、耳目世俗之欲与要言妙道之间的矛盾及选择。此后，多有作品模仿《七发》，形成七体。③

从内容看，《七发》实是一篇训辞。客指出吴太子的病因是"久耽安乐，日夜无极"④。吴太子因为追求感观享乐而生病，再以致病之因去治病，自然不可能奏效。客对吴太子进行了一番开导，谈到有害健康的生活方式："纵耳目之欲，恣支体之

---

① 前贤对于《七发》渊源所自多有议论。章学诚《文史通义·诗教上》："孟子问齐王之大欲，历举轻暖肥甘，声音采色，《七林》之所启也；而或以为创之枚乘，忘其祖矣。"（章学诚：《文史通义》，62 页，北京，中华书局，1994）范文澜认为："详观《七发》体构，实与《大招》符合，与其谓为学《孟子》，无宁谓其变《大招》而成也。"（范文澜：《文心雕龙注》，258 页，北京，人民文学出版社，1958）李炳海先生认为："《七发》在体制上沿袭《楚辞》的《招魂》和《大招》，都是大肆铺排饮食之盛，歌舞之乐、女色之美、以及宫室游观鸟兽之事。"（聂石樵、李炳海主编：《中国文学史》，第 1 卷，187 页，北京，高等教育出版社，1999）

② 《文选》，第 34 卷，1573 页。

③ 后来的模仿之作，按照内容可以分成两种类型：一是如《七发》，借问疾而讽劝；一是如张衡《七辩》，讨论的是对于仕隐的选择。后者与《尚书》无关。关于七体辞赋的特点，可参见王连儒《枚乘〈七发〉与"七辞"文体的运用》一文，载《中国典籍与文化》，2000（4）。

④ 《文选》，第 34 卷，1559、1560 页。

安者，伤血脉之和。且夫出舆入辇，命曰蹷痿之机；洞房清宫，命曰寒热之媒；皓齿娥眉，命曰伐性之斧；甘脆肥脓，命曰腐肠之药。"①《文选》注意到这一段与《吕氏春秋·本生》文辞上的类同。《吕氏春秋·本生》文曰："出则以车，入则以辇，务以自佚，命之曰招蹷之机。肥肉厚酒，务以自强，命之曰烂肠之食。靡曼皓齿，郑、卫之音，务以自乐，命之曰伐性之斧。"②它们讲的都是过度贪求安乐，就会走向反面，不仅无益健康，反而将戕害生命。

其实，不仅《吕氏春秋》有这种思想的表述，《老子》《庄子》《文子》《淮南子》都讲述了同样的道理，只是具体的说法不同而已。③ 从文章辞句的表述方面考察，《七发》这段话的确源于《吕氏春秋》，可是，如果从《七发》全文表达的思想方面考察，

---

① 《文选》，1560～1561 页。

② 《吕氏春秋》，见《诸子集成》，第六册，5 页。

③ 《老子》第十二章云："五色令人目盲，五音令人耳聋，五味令人口爽，驰骋畋猎令人心发狂。难得之货令人行妨。是以圣人为腹不为目，故去彼取此。"第五十章："人之生动之死地亦十有三。夫何故？以其生生之厚。"（王弼：《老子注》，见《诸子集成》，第三册，6、30 页）《庄子·天地》："且夫失性有五：一曰五色乱目，使目不明；二曰五声乱耳，使耳不聪；三曰五臭薰鼻，困慢中颡；四曰五味浊口，使口厉爽；五曰趣舍滑心，使性飞扬。此五者，皆生之害也。"（王先谦：《庄子集解》，见《诸子集成》，第三册，79 页）《文子·九守》："故其出弥远者其知弥少，以言精神不可使外淫也。故五色乱目，使目不明。五音入耳，使耳不聪。五味乱口，使口生创。趣舍滑心，使行飞扬。故嗜欲使人气淫，好憎使人精劳，不疾去之，则志气日耗。夫人所以不能终其天年者，以生生之厚。"（王利器：《文子疏义》，117 页，北京，中华书局，2000）《淮南子·精神训》："故曰：其出弥远者其知弥少，以言夫精神之不可使外淫也。是故五色乱目，使目不明。五音哗耳，使耳不聪。五味乱口，使口爽伤。趣舍滑心，使行飞扬。此四者，天下之所养性也，然皆人累也。故曰：嗜欲者使人之气越，而好憎者使人之心劳，弗疾去之，则志气日耗。夫人之所以不能终其寿命而中道夭于刑戮者，何也？以其生生之厚。"（《淮南子》，见《诸子集成》，第七册，101 页）这些讲的都是耽迷于享乐则将走向毁灭的道理。

将会上溯得更远。《七发》中客之所言虽然只是针对个人的身体健康，与国家大事无关，但所劝内容却可以在《尚书》中找到表述。《伊训》和《无逸》都表达了要求君主不要沉溺于享乐的思想。《伊训》写伊尹以商汤所云"三风十愆"告诫太甲："敢有恒舞于宫，酣歌于室，时谓巫风。敢有殉于货色，恒于游畋，时谓淫风。敢有侮圣言，逆忠直，远耆德，比顽童，时谓乱风。惟兹三风十愆，卿士有一于身，家必丧，邦君有一于身，国必亡。"①《无逸》云："无淫于观、于逸、于游、于田"，"无若殷王受之迷乱，酗于酒德哉！"②如果说《伊训》是古文，有伪造之嫌，那么《无逸》的真实性当无疑问。伊尹、周公告诫君王的几项内容，也正是《七发》所否定的。只不过在写法上，《无逸》重正面引导，《七发》恰恰相反，枚乘以文学的方式进行劝导，对那些加以否定的对象极力渲染、夸张和铺排，对于所要肯定的"要言妙道"却是点到为止，再加上《七发》辞采飞扬，与《伊训》和《尚书》的古朴质直大异其趣，所以，《七发》思想上与《尚书》潜存的联系，一直为人们所忽略。此外，《无逸》以"周公曰"为标志共分七段，而客说吴太子也以七事，数目上竟有一个巧合。当然这并不意味着枚乘一定是受《尚书》影响写成，这里只想说明《七发》与《无逸》在思想主导方面的一致，《七发》的精神早在周代就已有明确表述。

综观《尚书》《逸周书》《周礼》《淮南子》与《史》《汉》书志，训体文经历了一个由说明到议论的转变过程。这个转变在《尚书》中已经基本完成。训的基本义是解说，由此而来，《高宗肜日》《洪范》《禹贡》重在解说，当是训体文的初始形态。然而，由于论与说本身十分接近，不同处在于论侧重阐明较抽象的理，主观色彩浓些；而说往往侧重说明事物的性质、情况、功用等，

---

① 《尚书正义》，见(清)阮元校刻：《十三经注疏》，163 页。
② 《尚书正义》，见(清)阮元校刻：《十三经注疏》，222 页。

客观色彩较浓。① 但是，当说的题目是人文范畴的事物时，它与论的差别实在微乎其微。如《史记》的《礼书》《乐书》，《汉书》的《礼乐志》对于礼乐性质功能的阐述，既是论，也是说。《伊训》和《无逸》等重在论理，这类政论文，应当是晚于重解说的训体文的。尽管考其源，当是说明文在前，论理文在后，可是后来文体的发展呈现出说明和论述并存的情形。《周礼》是典型的说明文体例，《淮南子》是说明与论理并存，《史》《汉》书志则是说明与论述大多融合在同一个文本之中，有时说明占主体，有时论述占主体，形态多样。由于说与论的相近，所以后来人们往往合称为论说文，可以说，训是论说文文体的早期形态。

---

① 论与说在晋和南北朝时被视为两种文体。但是当时所说的"说"，指的是游说之辞，与本章所指的说明文不同。如陆机《文赋》："论精微而朗畅，说炜晔而谲诳。"（《文选》，第17卷，766页）《文心雕龙·论说》："述经叙理曰论。""详观论体，条流多品：陈政，则与议说合契；释经，则与传注参体；辨史，则与赞评齐行；铨文，则与叙引共纪。""论也者，弥纶群言，而研精一理者也。""说者，悦也，兑为口舌，故言资悦怿。""凡说之枢要，必使时利而义贞；进有契于成务，退无阻于荣身。自非谲敌，则唯忠与信。披肝胆以献主，飞文敏以济辞，此说之本也。"（范文澜：《文心雕龙注》，326、326、327、328、329页）

第六章

文学观念与文体的生成

——以春秋辞令为例

　　春秋辞令历来为人激赏。春秋辞令包含大量的文学因素，前人对此所论甚多。本章要讨论的不是春秋辞令本身的文学特征，而是试图从文学观念与文体生成的角度探析春秋时代何以产生那么丰富、卓绝的辞令。春秋时期的言辞观念，可以从当时对"言""辞""文"的论说当中知其大概。《左传》和《国语》载录了一些春秋时代人们对"言""辞"和"文"三者的谈论，笔者想透过这些论说，考察当时有关言说艺术的观念以及这些观念与辞令之间的关系。

第一节　引"言"与"立言"：重"言"观念

　　《左传》中多有引用古人之言以加强说服力的例子。引用《诗》《书》之类，已有大量论说，兹不赘述。这里仅专指引用时确称古人之言之例。有三种情况：第一，泛称"古人之言""先民有言"，计有 8 例；① 第二，引具体古人之言，计有引汤时左相仲虺之言 3 条、周大夫周任之言 2 条、周武王时大史史佚之言 6 条；② 第三，引用时代相近贤哲之言，计有引鲁臧文仲之言 2 条、鲁臧武仲之言 1 条、晋子犯之言 1 条、晋叔向之言 1 条。③

　　无论是引古人之言，还是引前贤或时贤之言，目的大体相

---

　　① 子文闻其死也，曰："古人有言曰：'知臣莫若君'，弗可改也已。"(《僖公七年》)

　　(赵宣子)曰："……古人有言曰：'畏首畏尾，身其余几？'又曰：'鹿死不择音。'……"(《文公十七年》)

　　传十五年，伯宗曰："不可。古人有言曰：'虽鞭之长，不及马腹。'……"(《宣公十五年》)

　　韩厥辞，曰："……古人有言曰：'杀老牛，莫之敢尸。'而况君乎……"(《成公十七年》)

　　范宣子逆之，问焉，曰："古人有言曰：'死而不朽'，何谓也？"穆叔未对。(《襄公二十四年》)

　　公至，使让大叔文子曰："……古人有言曰：'非所怨，勿怨。'……"(《襄公二十六年》)

　　子产曰："古人有言曰：'其父析薪，其子弗克负荷。……'"(《昭公七年》)

　　上介芋尹盖对曰："……先民有言曰：'无秽虐士。'……"(《哀公十五年》)

　　② 除下页正文引述的几例，其他有：

　　子桑曰："……史佚有言曰：'无始祸，无怙乱，无重怒。'……"(《僖公十五年》)

　　惠伯曰："……史佚有言曰：'兄弟致美。'……"(《文公十五年》)

　　君子曰："史佚所谓'毋怙乱'者，谓是也。"(《宣公十二年》)

　　晋季文子曰："……史佚之志有之曰：'非我族类，其心必异。'……"(《成公四年》)

　　(后子)辞曰："……史佚有言曰：'非羁，何忌？'……"(《昭公元年》)

　　③ 详见下页正文。

同，都是要加强言说的说服力，都表现出对"言"的重视。

一方面，引他人之"言"以证实己说，劝说别人，这本身即是一种言说艺术。这比简单地陈述个人观点的言说方式，已经有很大的进步。另一方面，从所引之"言"本身的特点看，这些引"言"在语言形式上也有共同点，即大多为格言警句，举数例胪列如下。

君子曰："⋯⋯周任有言曰：'为国家者，见恶如农夫之务去草焉，芟夷蕴崇之，绝其本根，勿使能殖，则善者信矣。'"①(《左传·隐公六年》)

仲尼曰："⋯⋯周任有言曰：'为政者，不赏私劳，不罚私怨。'⋯⋯"②(《左传·昭公六年》)

随会曰："⋯⋯仲虺有言曰：'取乱、侮亡、兼弱也。'⋯⋯"③(《左传·宣公十二年》)

(中行献子)对曰："⋯⋯史佚有言曰：'因重而抚之'，仲虺有言曰：'亡者侮之，乱者取之。推亡、固存，国之道也。'⋯⋯"④(《左传·襄公十四年》)

子皮曰："《仲虺之志》云：'乱者取之，亡者侮之。推亡、固存，国之利也。⋯⋯"⑤(《左传·襄公三十年》)

(襄仲)曰："⋯⋯臧文仲有言曰：'民主偷必死。'"⑥(《左传·文公十七年》)

栾武子曰："⋯⋯先大夫子犯有言曰：'师直为壮，曲为

---

① 杨伯峻：《春秋左传注》(修订本)，第一册，50 页，北京，中华书局，1990。

② 杨伯峻：《春秋左传注》(修订本)，第四册，1263 页。

③ 杨伯峻：《春秋左传注》(修订本)，第二册，725 页。

④ 杨伯峻：《春秋左传注》(修订本)，第三册，1019 页。

⑤ 杨伯峻：《春秋左传注》(修订本)，第三册，1175 页。

⑥ 杨伯峻：《春秋左传注》(修订本)，第二册，627 页。

老。'……"①(《左传·宣公十二年》)

（孟僖子）曰："臧孙纥有言曰：'圣人有明德者，若不当世，其后必有达人。'"②(《左传·昭公七年》)

简子曰："止。叔向有言曰：'怙乱灭国者无后。'"③(《左传·哀公十七年》)

以上数例所引言论，都是只言片语，均非长篇大论，非常警策。这意味着引用他人之言，隐含着对"言"的语言形式的选择。他人之"言"，可能是口头流传下来的，也可能是载于典籍，言说者通过阅读得来。无论哪种形式，这种无意识的对语言形式的选择，意味着对言说艺术的选择。那些缺乏警策性的语言，被排除在外。

对"言"的重视，由来甚早。《诗》《书》都有相关语句，《左传》中也有引用。僖公九年，晋国因立君主而发生内乱，荀息死之。君子曰："《诗》所谓'白圭之玷，尚可磨也；斯言之玷，不可为也。'荀息有焉。"④晋献公病重时曾把儿子奚齐托付给荀息，荀息曾言：将竭力尽忠，"不济，则以死继之"。里克杀了奚齐，荀息未能死之，里克立卓子，复杀之，荀息死。因此，君子评论荀息并没有践行他先前之言。僖公二十七年，晋国选三军元帅，赵衰推荐郤谷，曰："郤谷可。臣亟闻其言矣，说《礼》、《乐》而敦《诗》、《书》。……《夏书》曰：'赋纳以言，明试以功，车服以庸。'君其试之！"⑤赵衰说他听过郤谷之言，因其言而可断定郤谷足堪大任。荀息因没有践言而遭批评，郤谷因其言而得到推荐并得任三军元帅。通过这些引用经典中的有关"言"的论说，足见引用者对"言"的态度。

---

① 杨伯峻：《春秋左传注》(修订本)，第二册，731 页。
② 杨伯峻：《春秋左传注》(修订本)，第四册，1296 页。
③ 杨伯峻：《春秋左传注》(修订本)，第四册，1710 页。
④ 杨伯峻：《春秋左传注》(修订本)，第一册，330 页。
⑤ 杨伯峻：《春秋左传注》(修订本)，第一册，445～446 页。

这些对"言"的崇尚，引发出引他人之"言"的言说方式；还引发出对"立言"、立一己之言的追求。叔孙豹的"立言"之论广为人知。《左传·襄公二十四年》载：

穆叔如晋，范宣子逆之，问焉，曰："古人有言曰：'死而不朽'，何谓也？"穆叔未对。宣子曰："昔匄之祖，自虞以上为陶唐氏，在夏为御龙氏，在商为豕韦氏，在周为唐杜氏，晋主夏盟为范氏，其是之谓乎！"穆叔曰："以豹所闻，此之谓世禄，非不朽也。鲁有先大夫曰臧文仲，既没，其言立，其是之谓乎！豹闻之：'大上有立德，其次有立功，其次有立言。'虽久不废，此之谓不朽。若夫保姓受氏，以守宗祊，世不绝祀，无国无之。禄之大者，不可谓不朽。"①

"豹闻之"表明"立言"之说并非始自叔孙豹，后来的人们往往忽视了这一点，把三不朽之说归之于叔孙豹。这意味着以"立言"为人生追求在春秋早期已经存在。唐刘知幾评《左传》辞令云："斯盖当时发言，形于翰墨，立名不朽，播于他邦。而丘明仍本其语，就加编次。"②（《史通·申左》）刘知幾所说，正是立言以不朽之说源起甚早的一个佐证。成功地树立立言典范的，是鲁国的臧文仲，其言不仅大量见载于《左传》和《国语》，而且也被后人所传述。

由追求"立言"引申出来的问题是，如何使言得以立，从而"不朽"？这就不仅导向对言之内容的重视，也将引起对言之形式的重视。这也预示着人们还将对言说本身的艺术将有更主动、更自觉的认知和探索。

---

① 杨伯峻：《春秋左传注》(修订本)，第三册，1087～1088 页。

② （唐）刘知幾撰，（清）浦起龙通释、吕思勉评、李永圻与张耕华导读整理：《史通》，第 14 卷，303 页，上海，上海古籍出版社，2008。

第二节 "辞不可以已"与"辞其何益":
两种相反的言辞观

关于春秋辞令之种种笔法，前人之述备矣。但对于当时人是如何看待辞令的，辞令观念与辞令之间是否有联系，还有讨论的必要和余地。

《左传》中关于辞令功能的论述并不鲜见。人们认为辞令具有强大的外交及政治功能。辞是正当的理由。辞令在很大程度上是为自己找寻正当的理由，由此便派生种种曲说修饰的言说手段。

辞，可以奉之以伐罪，辞之用大矣！《左传·哀公二十三年》载：晋荀瑶伐齐，将战，长武子请卜。知伯曰："君告于天子，而卜之以守龟于宗祧，吉矣，吾又何卜焉？且齐人取我英丘，君命瑶，非敢耀武也，治英丘也。以辞伐罪足矣，何必卜？"①知伯的意思是，我们有正当的理由，凭借正当的理由讨伐齐，必胜，不需要占卜。《国语·郑语》记周太史史伯对周桓公问，也有类似表述。史伯曰："虢叔恃势，郐仲恃险，是皆有骄侈怠慢之心而加之以贪冒。君若以周难之故，寄孥与贿焉，不敢不许。周乱而弊，是骄而贪，必将背君。君若以成周之众，奉辞伐罪，无不克矣。"②史伯建议桓公奉辞讨伐虢叔与郐仲。韦昭注曰："桓公甚得周众，奉直辞，伐有罪，故必胜也。"③

奉辞伐罪，最初的意思是出师者有正义的理由去讨伐有罪者。后来则指出师者的宣战辞极力表明自己是正义的一方，对

---

① 杨伯峻：《春秋左传注》(修订本)，第四册，1721 页。

② 上海师范大学古籍研究所校点：《国语》，507 页。

③ 上海师范大学古籍研究所校点：《国语》，509 页。

方有罪。因为要极力证明自己的正义，于是有些辞令甚至歪曲事实，曲为己说。内容可取与否且不去管，但在语言表现方面，具有很高的艺术性。《左传》中不乏这样的例证。最著名的如成公十三年的吕相绝秦长篇辞令。晋厉公联合齐、宋、鲁、卫、郑等多个国家，要讨伐秦国。晋大夫吕相奉厉公之命在出师前写作讨伐秦国的辞令，宣称一切罪责皆在秦。如果仅看吕相的辞令，读者会真的以为秦国应当被讨伐，但若认真考察吕相言辞的真实性，就会发现很多与事实相违，为辞而辞的内容。再如《国语·吴语》："吴王夫差既胜齐人于艾陵，乃使行人奚斯释言于齐。"①韦昭注云："奚斯，吴大夫。释，解也。以言辞自解，归非于齐。"②归罪于对方的目的导引出对事实的修饰，对语言的反复修饰。

不查明言辞之意，则将招致大祸。《左传·隐公十一年》载："郑息有违言，息侯伐郑。郑伯与战于竟，息师大败而还。君子是以知息之将亡也。不度德，不量力，不亲亲，不征辞，不察有罪。犯五不韪，而以伐人，其丧师也，不亦宜乎？"③不征辞，谓不审明郑国与息国言语失和之实，这是息国将亡的五条过错之一。能查明两国辞令往来的本意，辨明是非，关乎国家兴亡。可不慎辞欤！

对辞直、辞顺之人，不得冒犯。《左传·昭公九年》载，周甘人与晋阎嘉争阎田。晋梁丙、张趯率阴戎伐颍。王使詹桓伯辞于晋。叔向谓宣子曰："文之伯也，岂能改物？翼戴天子，而加之以共。自文以来，世有衰德，而暴灭宗周，以宣示其侈；诸侯之贰，不亦宜乎？且王辞直，子其图之。"④叔向评论

---

① 上海师范大学古籍研究所校点：《国语》，600页。
② 同上。
③ 杨伯峻：《春秋左传注》（修订本），第一册，78页。
④ 杨伯峻：《春秋左传注》（修订本），第四册，1309～1310页。

周史詹桓伯对晋的辞令，认为"辞直"，即有理。对于有理之辞，不可违背。赵宣子采纳了叔向的意见，主动向周天子修好。《左传·文公十四年》载，晋赵盾以诸侯之师八百乘纳捷菑于邾。邾人辞曰："齐出貜且长。"宣子曰："辞顺，而弗从，不祥。"①乃还。邾是小国，因为言辞得当而得到大国晋的尊重，得立齐女所生之子为国君。辞之功用，不可小觑。叔向和赵盾的行动，源于对对方言辞的判断，对方辞直、辞顺，就不可轻举妄动。

言辞可以知物。《左传》还有对辞令的风格进行较全面把握及评论的谈说。昭公元年，楚、晋、齐、宋、陈、蔡、郑等国卿大夫在虢地会见，结盟。晋国的叔孙豹、郑国的子皮、蔡国的子家、楚国的伯州犁、郑国的子羽、齐国的国子、陈国的公子招、卫国的齐子、宋国的合左师向戌、晋国的乐王鲋等人，在盟会仪式上，针对楚国公子围用国君的服饰和仪仗，有一番言辞议论。② 议论之后，郑国的子羽又对子皮评议众人的言辞。

子羽谓子皮曰："叔孙绞而婉，宋左师简而礼，乐王鲋字而敬，子皮与子家持之，皆保世之主也。齐、卫、陈大夫其不免乎！国子代人忧，子招乐忧，齐子虽忧弗害，夫弗及而忧，与可忧而乐，与忧而弗害，皆取忧之道也，忧必及之。《大誓》

---

① 杨伯峻：《春秋左传注》（修订本），第二册，604页。

② 昭公元年。三月甲辰，盟。楚公子围设服离卫。叔孙穆子曰："楚公子美矣，君哉！"郑子皮曰："二执戈者前矣。"蔡子家曰："蒲宫有前，不亦可乎？"楚伯州犁曰："此行也，辞而假之寡君。"郑行人挥曰："假不反矣。"伯州犁曰："子姑忧子皙之欲背诞也。"子羽曰："当璧犹在，假而不反，子其无忧乎？"齐国子曰："吾代二子愍矣。"陈公子招曰："不忧何成？二子乐矣。"卫齐子曰："苟或知之，虽忧何害？"宋合左师曰："大国令，小国共，吾知共而已。"晋乐王鲋曰："《小旻》之卒章善矣，吾从之。"（杨伯峻：《春秋左传注》（修订本），第四册，1202～1204页）

曰：'民之所欲，天必从之。'三大夫兆忧，忧能无至乎？言以知物，其是之谓矣。"①

郑国的行人子羽评论鲁国的叔孙豹言辞恰切而委婉，宋国的合左师言辞简明而合于礼仪，晋国的乐王鲋自爱而恭敬，郑国的子皮和蔡国的子家，言辞没有讥切之意，是持中之论。这些言辞得当者，都可以保持几代爵禄。齐国、卫国和陈国的大夫，言辞中替人担忧，却不为自己忧虑，这样会招来忧患。可见，通过分析言辞可以了解事情，可以预见事情的发展。言辞得体，可以保持爵禄，否则将不免于祸难。

对辞令重要性的论述，最经典的是叔向的几句话。《左传·襄公三十一年》载，郑子产陪郑简公往晋国，晋国不肯接见，子产令人毁坏晋国宾馆的围墙，车马停驻在院内。晋方指责子产，子产陈辞，讲述毁坏围墙的理由，之后，晋侯见郑伯，有加礼，厚其宴好而归之。乃筑诸侯之馆。

叔向曰："辞之不可以已也如是夫！子产有辞，诸侯赖之，若之何其释辞也？《诗》曰：'辞之辑矣，民之协矣；辞之绎矣，民之莫矣。'其知之矣。"②

叔向称赞子产辞令得当，取得很好的效果，不仅为郑简公赢得大国晋的尊重，其他诸侯也因子产之辞而受益。辞令是如此重要，绝对不可以放弃。

春秋时期还存在与"辞之不可以已"这类辞令观不同的声音。鲁国的展禽就不认为辞令有多么大的功用。鲁僖公二十六年，齐孝公伐鲁，鲁展喜受命于展禽去犒师，展喜的犒师辞是《左传》中很著名的一段辞令。《左传》简单地叙述事件，然后就进入对辞令的载录。《国语·鲁语上》也载录了这件事及展喜的辞令。下面将二者分段列表比较如下。

---

① 杨伯峻：《春秋左传注》(修订本)，第四册，1204 页。
② 杨伯峻：《春秋左传注》(修订本)，第三册，1189 页。

《左传·僖公二十六年》	《国语·鲁语上》
夏，齐孝公伐我北鄙，卫人伐齐，洮之盟故也。公使展喜犒师，使受命于展禽。	齐孝公来伐鲁，臧文仲欲以辞告病焉，问于展禽。对曰："获闻之，处大教小，处小事大，所以御乱也，不闻以辞。若为小而崇，以怒大国，使加己乱，乱在前矣，辞其何益？"文仲曰："国急矣！百物唯其可者，将无不趋也。愿以子之辞行赂焉，共可赂乎？"
齐侯未入竟，展喜从之，曰："寡君闻君亲举玉趾，将辱于敝邑，使下臣犒执事。"	展禽使展喜以膏沐犒师，曰："寡君不佞，不能事疆场之司，使君盛怒，以暴露于敝邑之野，敢犒舆师。"
齐侯曰："鲁人恐乎？"对曰："小人恐矣，君子则否。" 齐侯曰："室如县磬，野无青草，何恃而不恐？" 对曰："恃先王之命。昔周公、大公股肱周室，夹辅成王。成王劳之，而赐之盟，曰：'世世子孙无相害也！'载在盟府，大师职之。	齐侯见使者："鲁国恐乎？"对曰："小人恐矣，君子则不。" 公曰："室如县磬，野无青草，何恃而不恐？" 对曰："恃二先君之所职业。昔者成王命我先君周文公及齐先君大公曰：'女股肱周室，以夹辅先王。赐女土地，质之以牺牲，世世子孙无相害也。'
桓公是以纠合诸侯而谋其不协，弥缝其阙而匡救其灾，昭旧职也。及君即位，诸侯之望曰：'其率桓之功！'我敝邑用不敢保聚，曰：'岂其嗣世九年，而弃命废职？其若先君何？君必不然。'恃此以不恐。"①	君今来讨敝邑之罪，其亦使听从而释之，必不泯其社稷；岂其贪壤地，而弃先王之命？其何以镇抚诸侯？恃此以不恐。"②

① 杨伯峻：《春秋左传注》（修订本），第一册，439～440 页。
② 上海师范大学古籍研究所校点：《国语》，159～160 页。

与《左传》相比，《国语》多出一段臧文仲与展禽的对话。臧文仲打算以外交辞令应对齐孝公的来伐。但展禽回答："处大教小，处小事大，所以御乱也，不闻以辞。若为小而崇，以怒大国，使加己乱，乱在前矣，辞其何益？"展禽认为辞令的作用是有限的，辞令不能承担起抵御齐国的任务。如果作为小国行为有问题，辞令是无济于事的。即他认为关键在于国家的行为，而不在于外交辞令。而臧文仲的意见刚好相反，臧文仲认为可以通过外交辞令解决国家危难。最后，展禽派展喜去犒劳齐师。那么展禽的辞令观念，对展喜的辞令有无影响？

通过上表的对照，可以看出，《左传》所录辞令，要比《国语》所录婉转、绵密，《国语》所录的辞令则质直、强硬得多。《左传》中的展喜，语有敬词，用代称，把齐人的来伐说成是"君亲举玉趾"。《国语》则云："寡君不佞，不能事疆场之司，使君盛怒，以暴露于敝邑之野"，说法直白多了，气也更盛。《左传》中展喜最后大讲齐桓公当初如何施惠于诸侯，以此推断，齐孝公怎么可能废弃其霸主应负的职责，去攻伐鲁国呢？《国语》则直言齐人来讨罪，想必不会因贪图土地而废弃王之旧命，若如此又怎么可以镇抚诸侯？《左传》从正面说，语气舒缓，绵里藏针。《国语》则直接从反面说，简直是当面质问。

《国语》载辞直白强硬，恰恰所载展禽的辞令观是辞令无益于制乱。可否这样说，因为展禽并不特别推重辞令的功能，受命于他的展喜也就没有采取比较迂回的言说方式，而是直截了当，与《左传》辞令的委婉大异其趣。换言之，对辞令功用的看法影响了辞令的语言风格，影响了辞令的艺术表现。

第三节　以"文"论辞令：对辞令文学性的重视

春秋时期人们用"顺""直""绞而婉""简而礼""字而敬"之类

的概念来评论辞令，但这些都是针对具体言辞而发，并不具备普泛意义。通读《左传》，会发现在春秋中后期，出现了一个新的谈说辞令的概念——"文"。这个新的论辞概念的出现，具有普泛性、标志性的意义，它标志着人们对语言艺术的实际创造和运用达到了一个新的阶段，也标志着人们对语言艺术的认识有了进一步的发展。

《左传》谈论言辞，言、文并称，或文、辞并称的有如下几处。

仲尼曰："志有之：'言以足志，文以足言。'不言，谁知其志？言之无文，行而不远。晋为伯，郑入陈，非文辞不为功，慎辞哉！"①(《襄公二十五年》)

赵文子为政，令薄诸侯之币，而重其礼。穆叔见之，谓穆叔曰："自今以往，兵其少弭矣。齐崔、庆新得政，将求善于诸侯。武也知楚令尹。若敬行其礼，道之以文辞，以靖诸侯，兵可以弭。"②(《襄公二十五年》)

晋赵武至于宋，丙午，郑良霄至。六月丁未朔，宋人享赵文子，叔向为介。司马置折俎，礼也。仲尼使举是礼也，以为多文辞。③(《襄公二十七年》)

北宫文子见令尹围之威仪，言于卫侯曰："……故君子在位可畏，施舍可爱，进退可度，周旋可则，容止可观，作事可法，德行可象，声气可乐；动作有文，言语有章，以临其下，谓之有威仪也。"④(《襄公三十一年》)

闵马父闻子朝之辞，曰："文辞以行礼也。子朝干景之命，

① 杨伯峻：《春秋左传注》(修订本)，第三册，1106 页。
② 杨伯峻：《春秋左传注》(修订本)，第三册，1103 页。
③ 杨伯峻：《春秋左传注》(修订本)，第三册，1129～1130 页。
④ 杨伯峻：《春秋左传注》(修订本)，第三册，1193～1195 页。

远晋之大，以专其志，无礼甚矣，文辞何为？"①(《昭公二十六年》)

数量不多，但值得重视。这些言论涉及两个问题。

"文"与"言"的关系。孔子所引之《志》，有"文以足言"之说，意谓文采可以完成言辞。换句话说，文采可以完成言辞本来要达到的目的，文采对于言辞来说很重要。孔子又进一步论说，强调了"文"对于"言"的重要性，尤其是对于言能否流传久远，能否不朽的重要性。既然"文"对于"言"如此重要，那么"慎辞"，就包含应当特别重视"文"这方面的内容。也就是说，要特别重视语言的艺术表现形式。如果说叔孙豹发扬的"立言"以不朽，更多还是侧重于内容，对艺术表现形式的重视还只是处于隐含状态，孔子之说就把这层意思凸显出来了。"文"这个概念，在孔子那里被发扬光大。《论语》中有 30 多处相关言论。举其著者，如，子曰："质胜文则野；文胜质则史。文质彬彬，然后君子。"(《论语·雍也》)要求"言语"有章法、有文采，主此论者，不只孔子。卫国的北宫文子论威仪，谈到"动作有文，言语有章"，这两句含有互文之意，包含"动作有章，言语有文"的意思。"文"与"章"既可限定"动作"，也可限定"言语"。对一个君子而言，对其言语的要求是要有章法、有条理、有文采。这也清晰地表现出人们对言语修饰性的明确认识。

"文"与"辞"的关系。第一，"文"是修饰"辞"的。"文辞"，意思是过分修饰、曲说之辞。襄公二十七年，宋国向戌主持诸侯弭兵大会，宋人享晋赵文子和叔向，记载当时言语的史料在孔子看来是"多文辞"。这类华而不实之辞，是不足取的。第二，"文"在"辞"前，有正面强调"文"的意思。襄公二十五年，赵文子所言"道之以文辞"，本来"辞"已含有讲究语言艺术的言

---

①　杨伯峻：《春秋左传注》(修订本)，第四册，1479 页。

语这层意思，又特别加一"文"，在赵文子那里，"文"并不是用来否定"辞"的，而是与楚国来往的外交辞令必须加以修饰。以辞相导，这辞，需要特别修饰、润色，需要特别讲究语言艺术。第三，"文"与"辞"并列，无限定关系。昭公二十六年，王子朝想做周王，使告于诸侯，有一篇较长的书面言辞。闵马父听说王子朝的告诸侯书，认为"文辞以行礼"，无礼，则"文辞"无益。闵马父用"文辞"而不是"辞"，反映出对"辞"含有"文"特性的接受。

第四节 "择言以教"与"能辞为宝"：言辞能力的培养

春秋时期辞令的高度发达，除去当时政治上外交频繁、有专门从业的行人之官外①，在当时的教育中，有十分明确的言语能力的训练。国子所学，除传统六艺外，还包含具体的言语方面的内容。

建嘉言以教民。《左传·文公六年》载，秦伯任好卒，以子车氏之三子为殉。君子曰："古之王者知命之不长，是以并建圣哲，树之风声，分之采物，著之话言，为之律度，陈之艺极，引之表仪，予之法制，告之训典，教之防利，委之常秩，道之礼则，使毋失其土宜，众隶赖之，而后即命。圣王同

---

① 《周礼·秋官·司寇·大行人》："大行人，掌大宾之礼，及大客之仪，以亲诸侯。春朝诸侯而图天下之事，秋觐以比邦国之功，夏宗以陈天下之谟，冬遇以协诸侯之虑，时会以发四方之禁，殷同以施天下之政。"(郑玄注、贾公彦疏：《周礼注疏》，见（清）阮元校刻：《十三经注疏》，890页)《周礼·秋官·司寇·小行人》："小行人，掌邦国宾客之礼籍，以待四方之使者。……凡四方之使者，大客则摈，小客则受其币而听其辞。"(《周礼注疏》，见（清）阮元校刻：《十三经注疏》，893页)

之。"①这段君子评述中，"著之话言"，即作善言，这一行为与分采物、树风声、为律度、告训典等教民的举措并列，同为教化要道。

以嘉言教帝子。《左传·文公十八年》记鲁季文子使大史克对昭公问，其中有一段曰："颛顼氏有不才子，不可教训，不知话言。告之则顽，舍之则嚚，傲很明德，以乱天常，天下之民谓之梼杌。"②"不可教训，不知话言"的说法，反映出人们观念中，当以善言教训帝之子，而不能了解善言的，被视为不才之人，是有很大缺陷的。

国子所学，有专门的言语类教材及内容。《国语·楚语上》记楚申叔时论教育国子，其中有"教之《语》，使明其德而知先王之务，用明德于民也。"③《语》，是嘉言的汇编，教材中有专门的善言集。国子学"言"，除了内容，是否还有对具体言说艺术的学习呢？《周礼·春官·宗伯·大司乐》："大司乐掌成均之法，以治建国之学政，而合国之子弟焉。⋯⋯以乐语教国子，兴、道、讽、诵、言、语。"④以乐语教国子，郑玄注云："兴者，以善物喻善事。道，读曰导，导者，言古以剀今也。倍文曰讽，以声节之曰诵。发端曰言，答述曰语。"⑤可以说，乐语，更多的是具体的言说方式和言说艺术。也就是说，诸侯、卿大夫之子，受到了比较系统的言说训练。《国语·晋语九》载，晋国大夫邮无恤劝赵简子不要杀尹铎，曰："及景子长于公宫，未及教训而嗣立矣，亦能纂修其身以受先业，无谤于

---

① 杨伯峻：《春秋左传注》（修订本），第二册，547～549页。
② 杨伯峻：《春秋左传注》（修订本），第二册，639～640页。
③ 上海师范大学古籍研究所校点：《国语》，528页。
④ 《周礼注疏》，见（清）阮元校刻：《十三经注疏》，787页。
⑤ 同上。

国，顺德以学子，择言以教子，择师保以相子。"①这几句话谈到了对卿大夫之子的教育。

从上述文献看，卿大夫之子，熟习《诗》《书》，娴于《礼》《乐》，受到言说艺术方面的训练，这样一些人物活跃在政治舞台上，产生那么多精美的辞令也就不足为怪了。

不仅卿大夫学习辞令艺术，在具体外交活动中，还对辞令反复研究、润色，辞令不仅是个人才智的显现，有时还是集体智慧的结晶。《左传·襄公三十一年》记子产从政，择能而使，"公孙挥能知四国之为，而辨于其大夫之族姓、班位、贵贱、能否，而又善为辞令。裨谌能谋，谋于野则获，谋于邑则否。郑国将有诸侯之事，子产乃问四国之为于子羽，且使多为辞令；与裨谌乘以适野，使谋可否；而告冯简子使断之。事成，乃授子大叔使行之，以应对宾客，是以鲜有败事"②。《论语·宪问》也有类似载录。子曰："为命，裨谌草创之，世叔讨论之，行人子羽修饰之，东里子产润色之。"③诸大夫行人精益求精地探讨辞令艺术，试想这一场景，这种切磋商量，不仅是政治上的，更多是语言艺术方面的。

春秋中后期，对言语艺术的教育不止于卿大夫阶层，孔子教育弟子的内容中，也包含谈说之"文"。孔子教学有四科。子曰："德行：颜渊、闵子骞、冉伯牛、仲弓；言语：宰我、子贡；政事：冉有、季路；文学：子游、子夏。"④（《论语·先进》）子以四教："文、行、忠、信。"⑤（《论语·述而》）孔子非

---

① 上海师范大学古籍研究所校点：《国语》，491 页。

② 杨伯峻：《春秋左传注》(修订本)，第三册，1191 页。

③ （魏）何晏集解、（宋）邢昺疏：《论语注疏》，见（清）阮元校刻：《十三经注疏》，2510 页。

④ 《论语注疏》，见（清）阮元校刻：《十三经注疏》，2498 页。

⑤ 《论语注疏》，见（清）阮元校刻：《十三经注疏》，2483 页。

常重视言语的艺术，其弟子子贡就确实长于辞令，并在外交实践中有出色表现。春秋辞令的丰富、卓异，不仅是实际政治需求的结果，也是重言、尚辞观念的结果。

与重言、尚辞观念及择言以教的教育方式相关，产生了一大批能"辞"之人。《国语·楚语下》曰："楚之所宝者，曰观射父，能作训辞，以行事于诸侯，使无以寡君为口实。"①观射父因为长于辞令，能奔走于诸侯之间，被楚君视为国家之宝。这样的能"辞"之宝，各国均有。著名者如周之王孙满、鲁之臧文仲、展喜、齐之国佐、晏婴、宋之解扬、子鱼、公子御说、晋之吕甥、吕相、郑之烛之武、子羽、子产、公子骓、陈之芊盖尹、卫之祝佗、楚之椒举、屈完、秦之西乞术、吴之王孙苟、越之文种等。其中，郑、鲁、晋三国，尤重文教，从数量上看，能辞之人也远远多于他国。仅以鲁国为例，举其著者，就有众仲、羽父、臧文仲、申繻、曹刿、御孙、叔仲惠伯、仲孙、展喜、襄仲、臧宣叔、季文子、孔子、臧武仲、孟献子、穆叔、厚成叔、臧纥、季武子、子叔声伯、子服惠伯、申丰、杜泄、叔孙昭子、梓慎、子服景伯、子贡等人，蔚为大观。

春秋时期人们重"言"崇"辞"，推重辞令的文学性，并且择"言"以教世子，以能"辞"为宝，这些观念，极大地促进了辞令的丰富多样，促进了辞令文学色彩的发展。

---

① 上海师范大学古籍研究所校点：《国语》，580 页。

第七章

经学阐释与文体的生成

——以《春秋公羊传》和《春秋繁露》为例

对于解经著作，人们通常从著述形式和思想史角度进行研究，从文体角度进行研究的极少。① 对经典的解说，先秦已有口说流传，至汉而极盛。汉代大量对经典的阐释文本，其文体有着特殊性。其中，对《春秋》经的两部公羊派早期阐释著作《春秋公羊传》和董仲舒的《春秋繁露》（前十七篇），文体迥异，其文体的生成与其经学阐释方式直接相关。本章以这两部经典阐释著作为例探讨经学阐释与文体的生成之间的关系。

第一节 "辩而裁"与"博而切"：
两种相异的阐释文体

晋范宁在《春秋谷梁传集解序》中评三传文风，称"《公羊》辩而裁"②，这一评语，非常恰

---

① 刘勰《文心雕龙·论说》曰："详观论体，条流多品。……释经，则与传注参体。"吴讷《文章辨体序说》和徐师曾《文体明辨序说》"说"条下也论及，文极简单。

② （晋）范宁注、（唐）杨士勋疏：《春秋谷梁传注疏》，见（清）阮元校刻：《十三经注疏》，2361页。

切地指出了《公羊传》的文体特征，即长于论理、体制严整。

《文心雕龙·宗经》曰："《春秋》辨理，一字见义。五石六鶂，以详略成文；雉门两观，以先后显旨。其婉章志晦，谅以邃矣。"①说的其实就是《公羊传》的文体风格。"五石六鶂"指的是僖公十六年，《春秋》经曰："春王正月戊申朔，陨石于宋五。是月，六鶂退飞过宋都。"《公羊传》解曰："曷为先言陨而后言石？陨石记闻，闻其磌然，视之则石，察之则五。是月者何？仅逮是月也。何以不日？晦日也。晦则何以不言晦？《春秋》不书晦也。朔有事则书，晦虽有事不书。曷为先言六而后言鶂？六鶂退飞，记见也，视之则六，察之则鶂，徐而察之则退飞。五石六鶂何以书？记异也。外异不书，此何以书？为王者之后记异也。"②

"雉门两观"事见于定公二年，《春秋》经曰："春王正月。夏五月壬辰，雉门及两观灾。"《公羊传》解曰："其言雉门及两观灾何？两观微也。然则曷为不言雉门灾及两观也？时灾者两观，则曷为后言之？不以微及大也。何以书？记灾也。"③

《公羊传》的阐释体例都是如此。再引一例加以说明。《春秋》经曰："元年春王正月。"《公羊传》解曰："元年者何？君之始年也。春者何？岁之始也。王者孰谓？谓文王也。曷为先言王而后言正月？王正月也。何言乎王正月？大一统也。公何以不言即位？成公意也。何成乎公之意？公将平国而反之桓。曷为反之桓？桓幼而贵，隐长而卑，其为尊卑也微，国人莫知。隐长又贤，诸大夫扳隐而立之。隐于是焉而辞立，则未知桓之

---

① 范文澜：《文心雕龙注》，22 页。

② （汉）何休注、（唐）徐彦疏：《春秋公羊传注疏》，见（清）阮元校刻：《十三经注疏》，2254～2255 页。

③ 《春秋公羊传注疏》，见（清）阮元校刻：《十三经注疏》，2335 页。

将必得立也。且如桓立，则恐诸大夫之不能相幼君也，故凡隐之立为桓立也。隐长又贤，何以不宜立？立嫡以长不以贤，立子以贵不以长。桓何以贵？母贵也。母贵则子何以贵？子以母贵，母以子贵。"①

很明显，《公羊传》的阐释方式亦即文体形式是自问自答。问的特点有二：一、针对经文每一字、每一词，逐字逐词地提出问题；二、用引申法，由此问之答而及彼问，层层推演，逐渐由微言落实到大义。

《公羊传》旨在解说经义，偶有对历史事件的补充叙述，其叙事部分，体例也统一。多是采用"奈何"这样的问句，然后领起下文的叙事。② 从文体形式上看，《公羊传》非常严整；其说理，简而明晰。

董仲舒的《春秋繁露》共八十二篇，解说《春秋》经的集中在前十七篇。这十七篇文体有两类。一类是包括问难形式的，有《楚庄王》《玉杯》《竹林》《玉英》《精华》五篇。其余十二篇即另一类，不包括问难形式。第一类篇章的文体，表面看与《公羊传》的问而后答似乎相近，实际上有很大区别。《公羊传》的问答，带有口头传授的特征。据《春秋公羊传注疏》徐彦疏引戴宏序：

---

① 《春秋公羊传注疏》，见（清）阮元校刻：《十三经注疏》，2196～2197 页。

② 如桓公十一年《春秋》经曰："秋七月，葬郑庄公。九月，宋人执郑祭仲。"《公羊传》解曰："祭仲者何？郑相也。何以不名？贤也。何贤乎祭仲？以为知权也。其为知权奈何？古者郑国处于留。先郑伯有善于郐公者，通乎夫人以取其国，而迁郑焉，而野留。庄公死已葬，祭仲将往省于留，涂出于宋，宋人执之。谓之曰：'为我出忽而立突。'祭仲不从其言，则君必死，国必亡。从其言，则君可以生易死，国可以存易亡。少辽缓之，则突可故出，而忽可故反，是不可得则病，然后有郑国。古人之有权者，祭仲之权是也。"（《春秋公羊传注疏》，见（清）阮元校刻：《十三经注疏》，2220 页）

"子夏传与公羊高，高传与其子平，平传与其子地，地传与其子敢，敢传与其子寿。至汉景帝时，寿乃其弟子齐人胡毋子都著于竹帛。"①这意味着《公羊传》在先秦是以口头传授的方式而代代相传的，至汉景帝时才录为一书，成为书面文献。这种从经的文辞出发自问自答、层层推演的形式，当是讲解经书的初始形态，这种方式便于记诵与传授，会起到良好的教学效果。董仲舒《春秋繁露》的创作宗旨不为施教，本为立说，施教之书与著述自然文体有别。

董仲舒之问，不同于公羊。董仲舒之问的背景，不是出于口头传授，而是出于诸家就经书大义相互问难的学术背景。②除论难的背景外，董仲舒解经之文出现的问难还与朝廷的策问取士制有相当的关联。董仲舒自己有天人三策，乃对汉武帝之问而成。除对策，还有射策取士。《汉书·萧望之传》载，师古曰："射策者，谓为难问疑义书之于策，量其大小署为甲乙之

---

① 《春秋公羊传注疏》，见（清）阮元校刻：《十三经注疏》，2190页。

② 在董仲舒之前，有齐诗学者辕固与黄生论难事。《史记·儒林传》称"以治《诗》孝景时为博士，与黄生争论景帝前。"二人争论的问题是汤武是受命还是弑。董仲舒所当之世，有论难之事。《汉书·儒林传》："瑕丘江公，受《谷梁春秋》及《诗》于鲁申公，传子至孙为博士。武帝时，江公与董仲舒并。仲舒通《五经》，能持论，善属文。江公呐于口，上使与仲舒议，不如仲舒。而丞相公孙弘本为《公羊》学，比辑其议，卒用董生。于是上因尊《公羊》家，诏太子受《公羊春秋》，由是《公羊》大兴。太子既通，复私问《谷梁》而善之。其后浸微，唯鲁荣广王孙、皓星公二人受焉。广尽能传其《诗》、《春秋》，高材捷敏，与《公羊》大师眭孟等论，数困之，故好学者颇复受《谷梁》。"公羊之立为官学，仰仗董仲舒一人"能持论"之力不少，谷梁之受学者重视，与荣广之善论也有相当大的关系。董仲舒之后，围绕经学的著名论难有宣帝时的石渠之议，元帝时五鹿充宗与朱云就《易》学的论难，东汉明帝时的白虎观之会。

科，列而置之，不使彰显。有欲射者，随其所取得而释之，以知优劣。射之，言投射也。对策者，显问以政事经义，令各对之，而观其文辞定高下也。"①射策考察的是对答疑难的能力。据史载以射策而入仕途的也大有人在。

综观《春秋繁露》包含问难形式的五篇解经之文，其文体可谓驳杂。所谓驳杂，一是为体不纯，无一定之例。其文体远不及《公羊传》谨严，以问难形式出现的解经散见于诸篇，换句话说，一篇之中并不是完全以同一体例写成，仅举《楚庄王》为例。此篇大体可分为四个部分。第一部分就《春秋》对楚庄王和楚灵王二人的称谓所蕴涵的褒贬之义展开辩难。第二部分围绕《春秋》所记晋伐鲜虞之事所体现的《春秋》大义展开。第三部分抛开了问难形式，径论《春秋》分十二世为三等（有见、有闻、有传闻）及《春秋》于三等之世所用之异辞。第四部分首先抬出"《春秋》之道，奉天而法古"②的论点，继而围绕这个大义展开问难。文章分四部分，有三部分用问难形式，一部分完全没有问难形式。其他几篇也是如此，问难形式没有一以贯之，何种情况下用，也无规律可循。

二是文章几部分之间很难找出逻辑联系，结构松散。仍以《楚庄王》为例。第一部分论的是"《春秋》之用辞，已明者去之，未明者著之。"③第二部分论的是"《春秋》尊礼而重信"④。第三部分论的是"《春秋》于所见之世微其辞"。第四部分论的是"《春秋》之道，奉天而法古"和"王者必改制"两个问题。这四个部分之间是平行关系，各自独立，互不相干。其他几篇也基本都是这种论难相杂、题旨不一的拼盘式结构。

---

① 《汉书》，第 78 卷，3272 页。
② 苏舆撰、锺哲点校：《春秋繁露义证》，14 页。
③ 苏舆撰、锺哲点校：《春秋繁露义证》，4 页。
④ 苏舆撰、锺哲点校：《春秋繁露义证》，6 页。

董仲舒解《春秋》，另一类不包括问难形式的十二篇，文体可谓博明而深切。每篇各有一中心论题，围绕这个中心论题，有的多方论说，委曲详尽，如《王道》之论《春秋》所记种种君之"细恶"，意在"反之王道"，洋洋洒洒，大量征引了《春秋》所记之事，有九十余条，最终表述崇君权、别贵贱的观点。大多数篇章则围绕论题，条分缕析，如《二端》论《春秋》至意——王者受命改正朔与灾异说，《十指》论《春秋》为文的十个原则，《正贯》论《春秋》大义之六科，《符瑞》论受命改制之符。这些篇章结构都是开宗明义，提出命题，解说概念，不枝不蔓，深切明白，意达而辞止。

第二节 "依经以辨理"与"合经以立义"：
先秦与汉初两种经学阐释方式

《公羊传》与董仲舒《春秋繁露》两种不同的文体，实则反映了先秦与汉初两种不同的经学阐释方式，反映了先秦经学与汉初经学的两种学风。《公羊传》自先秦即口口相传，至汉初方著之竹帛，因此，它对经的解说，更多地保留了先秦经说的特点。《公羊传》文体之严谨，简而有法，应当也是尊崇经典意识的一种表现。

经学的发展，至董仲舒可谓一变，即脱离了依经以辨理的阐释方式，一变而为合经以立义。董仲舒的《春秋》学一言以蔽之曰博贯之学。所谓博贯之学，董仲舒自己有明确的阐述。《玉杯》分析《春秋》对赵盾弑君之事的记载，曰："故贯比而论是非，虽难悉得，其义一也。""《春秋》赴问数百，应问数千，同留经中。翻援比类，以发其端。"①意即比列同类相近之事，

---

① 苏舆撰、钟哲点校：《春秋繁露义证》，40页。

从中抽绎出道德、价值评判及书写的各种原则。《玉杯》还有言曰:"是故论《春秋》者,合而通之,缘而求之,五其比,偶其类,览其绪,屠其赘,是以人道浃而王法立。"①《精华》曰:"今《春秋》之为学也,道往而明来者也。然而其辞体天之微,故难知也。弗能察,寂若无;能察之,无物不在。是故为《春秋》者,得一端而多连之,见一空而博贯之,则天下尽矣。"②董仲舒在阐释《春秋》时,多用"合而通之,缘而求之,五其比,偶其类"及"得一端而多连之,见一空而博贯之"的方法。他的阐释方式与《公羊传》最大的区别就在于,他是先总括所谓《春秋》之义、《春秋》之道、《春秋》用辞序辞之法,然后再举《春秋》事例详加阐发。他对《春秋》的特征先下一个论断,然后再根据这个论断阐释《春秋》大义之所在。至于他所说的《春秋》之义、《春秋》之道是如何得出的,我们看不到论证过程。即以上举的这段话为例,董仲舒先说《春秋》之学的特征是"道往而明来",《春秋》之辞的特征是"体天之微"。由这一《春秋》的总体特征出发,所以治《春秋》者,要"得一端而多连之,见一空而博贯之"。由他所设定的前提推导出他的结论,这两个步骤之间没有问题。问题是,《春秋》之学"道往而明来""体天之微",董仲舒对《春秋》这一特征的概括是从何得来的呢?《春秋繁露》这种合经以立义式的论断随处可见。下举数例,以窥其学。

《春秋》之于世事也,善复古,讥易常,欲其法先王也。然而介以一言曰:"王者必改制。"(《楚庄王》)

《春秋》之法,以人随君,以君随天。……故屈民而伸君,屈君而伸天,《春秋》之大义也。(《玉杯》)

《春秋》之好微与?其贵志也。《春秋》修本末之义,达变故之应,通生死之志,遂人道之极者也。(《玉杯》)

---

① 苏舆撰、锺哲点校:《春秋繁露义证》,33 页。
② 苏舆撰、锺哲点校:《春秋繁露义证》,96～97 页。

《春秋》无通辞，从变而移。(《竹林》)

《春秋》之道，固有常有变，变用于变，常用于常，各止其科，非相妨也。(《竹林》)

故说《春秋》者，无以平定之常义，疑变故之大则，义几可论矣。(《竹林》)

《春秋》之序辞也，置王于春正之间，非曰上奉天施而下正人，然后可以为王也云尔。(《竹林》)

《春秋》有经礼，有变礼。(《玉英》)

《春秋》理百物，辨品类，别嫌微，修本末者也。(《玉英》)

故《春秋》之道，博而要，详而反一也。(《玉英》)

《春秋》之书事也，诡其实以有避也。其书人时，易其名以有讳也。……然则说《春秋》者，入则诡辞，随其委曲而后得之。(《玉英》)

《春秋》慎辞，谨于名伦等物者也。(《精华》)

《春秋》之听狱也，必本其事而原其志。(《精华》)

《春秋》无达辞，从变从义而一以奉人。(《精华》)

《春秋》之义，臣不讨贼，非臣也。子不复仇，非子也。(《王道》)

《春秋》至意有二端，不本二端之所从起，亦未可与论灾异也，小大微著之分也。(《二端》)

仲尼之作《春秋》也，上探正天端王公之位，万民之所欲，下明得失，起贤才，以待后圣。(《俞序》)①

董仲舒所论举《春秋》大义、《春秋》序辞、孔子作《春秋》之宗旨等，多是从整部书着眼，而不是像《公羊传》那样就《春秋》所记每件事逐一阐释，阐释的顺序是从字到句到事到义。董仲

---

①　以上所引《春秋繁露》原文，均出自苏舆撰、锺哲点校：《春秋繁露义证》，15、31～32、39、46、53、55、62、74、76、80、82～83、85、92、95、117、155、159 页。

舒对《春秋》进行整体观照，《公羊传》所做的是具体观照。这一经学阐释视角的根本区别，意味着董仲舒变"依经以辨理"为"合经以立义"。

《公羊传》与《春秋繁露》对具体文辞的阐释，也可以明显看出二者阐释思路的不同。以同是对《春秋》经隐公"元年春王正月"一句中"元"的解释为例。《公羊传》曰："元年者何？君之始年也。"《公羊传》的阐释很简单，没有赋予"元"以任何深意。董仲舒的解说则大不然，详见下面三篇。

《王道》曰："《春秋》何贵乎元而言之？元者，始也，言本正也。道，王道也。王者，人之始也。王正则元气和顺、风雨时、景星见、黄龙下。王不正，则上变天，贼气并见。"①

《重政》曰："惟圣人能属万物于一而系之元也，终不及本所从来而承之，不能遂其功。是以《春秋》变一谓之元，元，犹原也。其义以随天地终始也，故人惟有终始也而生，不必应四时之变，故元者，为万物之本，而人之元在焉。安在乎？乃在乎天地之前。故人虽生天气及奉天气者，不得与天元本、天元命，而共违其所为也。故春正月者，承天地之所为也，继天之所为而终之也，其道相与共功持业，安容言乃天地之元。天地之元，奚为于此，恶施于人，大其贯承意之理矣。"②

《春秋繁露·二端》曰："是故《春秋》之道，以元之深，正天之端，以天之端，正王之政，以王之政，正诸侯之即位，以诸侯之即位，正竟内之治，五者俱正，而化大行。"③

董仲舒赋予"元"以深意，断下命题曰"《春秋》贵乎元"，"惟圣人能属万物于一而系之元"，"《春秋》之道，以元之深，正天之端"，从这些已经与《春秋》脱节的前命题出发，再继续

---

① 苏舆撰、锺哲点校：《春秋繁露义证》，100～101 页。

② 苏舆撰、锺哲点校：《春秋繁露义证》，147 页。

③ 苏舆撰、锺哲点校：《春秋繁露义证》，155～156 页。

引申出其他命题：正名，本正、王与上天元气正变的关系，等等。《春秋繁露》之刻意求深与《公羊传》之笃实简明大相径庭。

再以灾异为例。《公羊传》记异共有 32 条，言灾共有 20 条。综观这 50 余条有关灾异的阐释，基本上都是从书写原则角度加以简论，并无思想深意的引申。如隐公三年《春秋》经曰："三年春王二月已巳日有食之。"《公羊传》解曰："何以书？记异也。"①再无深意。记灾如襄公《春秋》经曰："九年春，宋火。"《公羊传》解曰："曷为或言灾，或言火？大者曰灾，小者曰火。然则内何以不言火？内不言火者，甚之也。何以书？记灾也。外灾不书，此何以书？为王者之后记灾也。"②灾与异的区别在《公羊》中表述得很清楚。定公元年《春秋》经曰："冬十月，霣霜杀菽。"《公羊传》解曰："何以书？记异也。此灾菽也。曷为以异书？异大乎灾也。"③灾小而异大。只有一条有些特别。宣公十五年《春秋》经曰："冬，蝝生。"《公羊传》解曰："未有言蝝生者。此其言蝝生何？蝝生不书，此何以书？幸之也。幸之者何？犹曰受之云尔？受之云尔者何？上变古易常，应是而有天灾，其诸则宜于此焉变矣。"④所谓"上变古易常，应是而有天灾"，看上去与董仲舒的灾异说相近，其实不然。《公羊传》所说也不过是平实之理，所谓天灾，自然灾害也。天，不是有意志的人格神。

---

① 《春秋公羊传注疏》，见（清）阮元校刻：《十三经注疏》，2203 页。

② 《春秋公羊传注疏》，见（清）阮元校刻：《十三经注疏》，2303 页。

③ 《春秋公羊传注疏》，见（清）阮元校刻：《十三经注疏》，2335 页。

④ 《春秋公羊传注疏》，见（清）阮元校刻：《十三经注疏》，2287 页。

　　董仲舒对经有关灾异的解说，将无深意的自然界之种种异相与人事的行为联系起来。《王道》："周衰，天子微弱，……日为之食，星霣如雨，雨螽，沙鹿崩。夏大雨水，冬大雨雪，霣石于宋五，六鹢退飞。霣霜不杀草，李梅实。正月不雨，至于秋七月。地震，梁山崩，壅河，三日不流。昼晦。彗星见于东方，孛于大辰。鹳鹆来巢，《春秋》异之。以此见悖乱之征。"①《春秋》于日食、地震等现象只是记异尔，董仲舒一句"以此见悖乱之征"则把天象与人事紧密地联系在一起。不仅如此，在《二端》篇中他还进一步提出异象是天对人君的谴告，具有警示意义。其文曰："故书日蚀、星陨、有蜮、……《春秋》异之，以此见悖乱之征……然而《春秋》举之以为一端者，亦欲其省天谴，而畏天威，内动于心志，外见于事情，修身审己，明善心以反道者也。岂非贵微重始，慎终推效者哉！"②《春秋》本身并无天的概念，《公羊传》解经也没有提出天的概念，只有董仲舒才引进了天，把天作为人格神。《春秋繁露》解经从某种意义上说，并非意在发掘经典本身包含的意义，而是将其对政治宇宙的思考借助解经的方式传达出来。

　　《四库全书总目》评论宋代章冲撰《春秋左氏传事类始末五卷》著作，曰："《春秋》一书，经则比事属辞，义多互发。传文则或先经以始事，或后经以终义，或依经以辨理，或错经以合异，丝牵绳贯，脉络潜通。"③《公羊传》对《春秋》的阐释方式，正所谓"依经以辨理"，由《春秋繁露》观董仲舒之春秋学，则或先经以始事，或后经以终义，或错经以合异，而这些总括为"合经以立义"的特征。

───────────

　　①　苏舆撰、钟哲点校：《春秋繁露义证》，108 页。
　　②　苏舆撰、钟哲点校：《春秋繁露义证》，156 页。
　　③　四库全书研究所整理：《钦定四库全书总目》（整理本），第 49卷，675 页，北京，中华书局，1997。

第三节 "义由例出"与"体由义出"：阐释法引出观念与观念生成阐释法

《公羊传》与《春秋繁露》两部解经著作，其文体特点的生成与阐释方式密不可分。分而言之，《公羊传》的阐释方式，也是其文体形式，在某种程度上引导出其经学思想。《春秋繁露》正相反，在某种意义上可以说，是其对经典的理解生成了其独特的阐释方法及文体。

《公羊传》的阐释方式对《春秋》所记史事逐条解释，具体方式是逐字逐句地分析经文，注重同义字的辨析、注重辞序的安排，并往往由前一句的答引发出下一句的问。这种阐释方式也即文体形式，有时会自然地引导出并非由主观预设的思想。换言之，《公羊传》的一些思想是如何导出的？

按照《公羊传》的阐释体例，"大一统"思想是如何导出的？隐公元年《春秋》经曰："元年春王正月。"《公羊传》解曰："春者何？岁之始也。王者孰谓？谓文王也。曷为先言王而后言正月？王正月也。何言乎王正月？大一统也。"①《公羊传》的解说顺序是春天是什么，王是谁。就词序而言，为什么王在前，正月在后。这个问题会引发出几种回答，会引出几种思想，有哪些解答的思路？第一种是纯粹语法学的解释。第二种是体例学的解释，即以《春秋》全书记时体例进行解说。《春秋》记时体例是：纪年，别四时，有的事记月份，有的事用干支记日。所谓王，指的是周历。第三种是政治学的解释。为什么王在前？引出的答案会是什么呢？周代的政治体制是周天子在上，其下分封各诸侯国。王在前，几乎没有别的解答途径，唯有尊崇周天

---

① 《春秋公羊传注疏》，见（清）阮元校刻：《十三经注疏》，2196页。

子这一项意思可答。至于如何表述这层意思，《公羊传》采用了“大一统”这样的概念。

再如庄公四年《春秋》经曰：“纪侯大去其国。”《公羊传》解曰：“大去者何？灭也。孰灭之？齐灭之。曷为不言齐灭之？为襄公讳也。《春秋》为贤者讳。何贤乎襄公？复雠也。何雠尔？远祖也。哀公亨乎周，纪侯谮之。以襄公之为于此焉者，事祖祢之心尽矣。尽者何？襄公将复雠乎纪，卜之曰：‘师丧分焉。寡人死之，不为不吉也。’远祖者，几世乎？九世矣。九世犹可以复雠乎？虽百世可也。”①

这段著名的复仇说是如何由文体形式被引导出来的呢？是由前面的几问推演出来的。齐襄公不仅不是一代贤君，而且还有与其妹文姜私通并害死妹夫鲁桓公的恶行。按照公羊传的解释体例，要找出他的“贤”，实在不易。剩下的只有将其灭纪国的行为与其九世祖与纪国先君的瓜葛联系起来，才能看出来。很可能由此产生了因为他要为九世祖复仇，所以《春秋》贤之并为之讳的解释。其他如僖公十七年对《春秋》经曰“夏，灭项”的解说，引出善善恶恶之说②；成公十五年对“冬，十有一月，叔孙侨如会晋士燮、齐高无咎、宋华元、卫孙林父、郑公子鳅、邾娄人会吴于锺离”的解说，引出“《春秋》内其国而外诸

① 《春秋公羊传注疏》，见(清)阮元校刻：《十三经注疏》，2226页。

② 僖公十七年《公羊传》曰：“孰灭之？齐灭之。曷为不言齐灭之？为桓公讳也。《春秋》为贤者讳。此灭人之国，何贤尔？君子之恶恶也疾始，善善也乐终。桓公尝有继绝、存亡之功，故君子为之讳也。”(《春秋公羊传注疏》，见(清)阮元校刻：《十三经注疏》，2255页)

夏，内诸夏而外夷狄"①的学说。

《春秋繁露》解经，其文体之博与驳及切而明，实出自其知识背景与思想的兼通融汇。董仲舒的思想背景有儒、道、法、名、阴阳各家，其治经也兼通《诗》《易》。《春秋繁露》解经，多是从一个对《春秋》总括而出的命题出发，而不是从《春秋》经文本出发引导出命题。在本章的第二部分，已举多例，兹不复赘。董仲舒常先言"《春秋》如何"，这个"《春秋》如何"有的是出自《公羊传》，但大多数是董仲舒主观预设的观念。所举经传事例，只是为了说明其命题。董仲舒重在立一己之论，其意本不重析《春秋》之理。因此，由其思想观念生成其阐释方式，由其阐释方式也就生成了其特殊的文体。

---

① （传）曷为殊会吴？外吴也。曷为外也？《春秋》内其国而外诸夏，内诸夏而外夷狄。王者欲一乎天下，曷为以外内之辞言之？言自近者始也。（《春秋公羊传注疏》，见（清）阮元校刻：《十三经注疏》，2297页）

第八章

经学师受与文体的生成
——以西汉诏策为例

诏策，是西汉的一种重要文体。西汉二百余年，保留下来的诏策文章数量颇丰。西汉帝王十分重视诏书的写作，诏策多为自拟，① 汉武帝还曾请司马相如等文士为其润饰给淮南王刘安的草稿。② 对帝王的经学师受情况，史书多有记载。西汉诏策的内容、体制及风格，与帝王所受的经学教育有关。那么，西汉帝王从师问学的具体情形如何？帝王接受经学教育的情况与诏策的内容体制有哪些关联？这些是本章探讨的问题。

第一节　帝王之师及其所受之学

西汉一代，自高祖至平帝，除吕后专政与王莽新朝外，共十一帝。西汉诸位帝王从师问

---

① 　汉高祖要求太子自撰上疏，其《手敕太子》曰："汝可勤学习，每上疏宜自书，勿使人也。"（《古文苑》，第 10 卷）某些诏策，古人即确认为帝王所自作。如《史记·三王世家》载武帝策封齐王文，司马贞《索隐》曰："此封齐王策文也。又按《武帝集》，此三王策皆武帝手制。"

② 　《汉书·淮南王传》："武帝方好艺文，以安属为诸父，辩博善为文辞，甚尊重之。每为报书及赐，常召司马相如等，视草乃遣。"

学的情况，仅高祖和文帝二人之所学无所记载，其他皆于史有
征。西汉帝王所学见于史载的，是《诗》《书》《论语》《春秋》《礼》
和《孝经》。详见下表。

帝王	从师问学	出　处
惠帝	叔孙通	《汉书·百官公卿表》："博士叔孙通为奉常，三年徙为太子太傅。"①
	张良	《汉书·张良传》："上谓：'子房虽疾，强卧傅太子'。是时叔孙通已为太傅，良行少傅事。"②
景帝	张相如、石奋	《汉书·万石卫直周张传》："（石）奋积功劳，孝文时官至太中大夫。无文学，恭谨，举无与比。东阳侯张相如为太子太傅，免。选可为傅者，皆推奋为太子太傅。"③
	读《老子》	《史记·外戚世家》："窦太后好黄帝、老子言，帝及太子诸窦不得不读《黄帝》、《老子》，尊其术。"④
	晁错，学申商刑名	《汉书·晁错传》："学申商刑名于轵张恢生所"，上书文帝："皇太子所读书多矣，而未深知术数者，不问书说也。……窃愿陛下幸择圣人之术可用今世者，以赐皇太子"，"上善之，于是拜错为太子家令。以其辩得幸太子，太子家号曰'智囊'。"⑤

---

① 《汉书》，第19卷下，747～748页。
② 《汉书》，第40卷，2035页。
③ 《汉书》，第46卷，2193页。
④ 《史记》，第49卷，1975页。
⑤ 《汉书》，第49卷，2276、2277、2277～2278页。

续表

帝王	从师问学	出　处
武帝	卫绾，请罢法家、纵横家之言	《汉书·万石卫直周张传》："上（景帝）立胶东王为太子，召（卫）绾，拜为太子太傅。"①
		《汉书·武帝纪》："丞相（卫）绾奏：'所举贤良，或治申、商、韩非、苏秦、张仪之言，乱国政，请皆罢。'奏可。"②
	王臧（治《诗》）	《汉书·儒林传》："兰陵王臧既从（申公）受《诗》，已通，事景帝为太子少傅，免去。"③
	向倪宽问《尚书》	《汉书·儒林传》："欧阳生字和伯，千乘人也。事伏生，授倪宽。宽又受业孔安国，至御史大夫，自有传。宽有俊材，初见武帝，语经学。上曰：'吾始以《尚书》为朴学，弗好，及闻宽说，可观。'乃从宽问一篇。"④
	好《春秋公羊传》	《汉书·儒林传》："武帝时，江公与董仲舒并。仲舒通五经，能持论，善属文。江公呐于口。上使与仲舒议，不如仲舒，而丞相公孙弘本为《公羊》学。比辑其议，卒用董生。于是，上因尊《公羊》家。诏（卫）太子受《公羊春秋》，由是《公羊》大兴。"⑤

---

① 《汉书》，第46卷，2201页。
② 《汉书》，第6卷，156页。
③ 《汉书》，第88卷，3608页。
④ 《汉书》，第88卷，3603页。
⑤ 《汉书》，第88卷，3617页。

续表

帝王	从师问学	出　　处
昭帝	蔡义，授《韩诗》	《史记·建元以来侯者年表》："蔡义，家在温，故师受《韩诗》，为博士"。"入侍中，授昭帝《韩诗》，为御史大夫。"①
	韦贤，通《诗》、《礼》、《尚书》，授《诗》	《汉书·韦贤传》："贤为人质朴少欲，笃志于学，兼通《礼》、《尚书》，以《诗》教授，号称邹鲁大儒。征为博士，给事中，进授昭帝《诗》，稍迁光禄大夫詹事，至大鸿胪。"②
	学《孝经》、《论语》、《尚书》	《汉书·昭帝纪》："诏曰：'朕以眇身获保宗庙，战战栗栗，夙兴夜寐。修古帝王之事，通《保傅传》、《孝经》、《论语》、《尚书》，未云有明。……'"③
宣帝	东海澓中翁，授《诗》	《汉书·宣帝纪》："受《诗》于东海澓中翁，高材好学，然亦喜游侠，斗鸡走马，具知闾里奸邪、吏治得失。"④
	学《论语》、《孝经》	《汉书·宣帝纪》："孝武皇帝曾孙病已，有诏掖庭养视，至今年十八，师受《诗》、《论语》、《孝经》……"⑤
	张贺，修文学经术	《汉书·宣帝纪》："及故掖庭张贺辅导朕躬，修文学经术，恩惠卓异，厥功茂焉。"⑥

① 《史记》，第 20 卷，1062 页。
② 《汉书》，第 73 卷，3107 页。
③ 《汉书》，第 7 卷，223 页。
④ 《汉书》，第 8 卷，237 页。
⑤ 《汉书》，第 8 卷，238 页。
⑥ 《汉书》，第 8 卷，257 页。

续表

帝王	从师问学	出　处
宣帝	好《谷梁传》	《汉书·儒林传》："时（蔡）千秋为郎，召见，与公羊家并说，上（宣帝）善《谷梁》说。……上悯其学且绝，乃以千秋为郎中户将，选郎十人从受。……乃召五经名儒太子太傅萧望之等大议殿中，平《公羊》、《谷梁》同异，各以经处是非。……望之等十一人各以经谊对，多从《谷梁》。由是《谷梁》之学大盛。"①
元帝	夏侯胜、夏侯建、孔霸、欧阳地余、林尊、周堪，治《尚书》	《汉书·夏侯胜传》："（夏侯）胜少孤，好学，从始昌受《尚书》及《洪范五行传》，说灾异。""胜复为长信少府，迁太子太傅。受（宣帝）诏撰《尚书》、《论语说》，赐黄金百斤。"② 《汉书·儒林传》："（夏侯）建太子太傅，自有传。由是《尚书》有大小夏侯之学。"③ 《汉书·孔光传》："（孔）霸亦治《尚书》，事太傅夏侯胜，昭帝末年为博士，宣帝时为太中大夫，以选授皇太子经，迁詹事，高密相。"④ 《汉书·儒林传》："（欧阳）高孙（欧阳）地余长宾，以太子中庶子授太子，后为博士，论石渠。"⑤ 《汉书·儒林传》："林尊，字长宾，济南人也。事欧阳高，为博士，论石渠。后至少府，太子太傅。"⑥

① 《汉书》，第88卷，3618页。
② 《汉书》，第75卷，3155、3159页。
③ 《汉书》，第88卷，3604页。
④ 《汉书》，第81卷，3352页。
⑤ 《汉书》，第88卷，3603页。
⑥ 《汉书》，第88卷，3604页。

续表

帝王	从师问学	出　处
元帝		《汉书·儒林传》："周堪字少卿，齐人也，与孔霸俱事大夏侯胜。霸为博士。（周）堪译官令，论于石渠，经为最高，后为太子少傅，而孔霸以太中大夫授太子。"①
	丙吉，治律令	《汉书·丙吉传》："吉字少卿，鲁国人也，治律令，为鲁狱史。""地节三年，立皇太子，（丙）吉为太子太傅。数月，迁御史大夫。"②
	张游卿，授《诗》	《汉书·儒林传》："张生（张长安，字幼君，事王式，习《诗》）兄子游卿，为谏大夫，以《诗》授元帝。"③
	疏广、疏受，治《春秋》，授《论语》、《孝经》	《汉书·疏广传》："疏广，字仲翁，东海兰陵人也。少好学，明《春秋》。""地节三年，立皇太子，选丙吉为太傅，广为少傅。数月，吉迁御史大夫，广徙为太傅。" "广兄子受，字公子，亦以贤良举为太子家令。⋯⋯顷之，拜受为少傅。""父子（疏广、疏受）并为师傅，朝廷以为荣。""在位五岁，皇太子年十二，通《论语》、《孝经》。"④
	严彭祖，治《公羊春秋》	《汉书·儒林传》："由是《公羊春秋》有颜、严之学。彭祖为宣帝博士，至河南、东郡太守。以高第入为左冯翊，迁太子太傅。"⑤

---

① 《汉书》，第 88 卷，3604 页。
② 《汉书》，第 74 卷，3142、3144 页。
③ 《汉书》，第 88 卷，3610 页。
④ 《汉书》，第 71 卷，3039 页。
⑤ 《汉书》，第 88 卷，3616 页。

续表

帝王	从师问学	出　处
元帝	萧望之，治《诗》，授《论语》、《礼服》	《汉书·萧望之传》："好学，治《齐诗》，事同县后仓且十年。以令诣太常受业，复事同学博士白奇，又从夏侯胜问《论语》、《礼服》，京师诸儒称述焉。""为太傅，以《论语》、《礼服》授皇太子。"①
成帝	韦玄成，治《诗》、《礼》、《论语》	《汉书·韦贤传》："及元帝即位，以（韦）玄成为少府，迁太子太傅，至御史大夫。"② 《汉书·儒林传》："韦贤治《诗》，事大江公及许生，又治《礼》，至丞相。传子玄成。"③ 《史记·张丞相列传》："韦丞相玄成者，即前韦丞相子也。……其人少时好读书，明于《诗》、《论语》。为吏至卫尉，徙为太子太傅。"④
成帝	伏理，习齐《诗》，授《诗》	《后汉书·伏湛传》："父理，为当世名儒，以《诗》授成帝，为高密太傅，别自名学。"⑤
成帝	郑宽中，授《尚书》	《汉书·儒林传》载：张山拊事小夏侯建，为博士，授郑宽中，"（郑）宽中有隽材，以博士授太子"。⑥ 《汉书·张禹传》："初元中，立皇太子，而博士郑宽中以《尚书》授太子。"⑦

① 《汉书》，第 78 卷，3271、3282 页。
② 《汉书》，第 43 卷，3113 页。
③ 《汉书》，第 88 卷，3609 页。
④ 《史记》，第 96 卷，2688 页。
⑤ 《后汉书》，第 26 卷，893 页。
⑥ 《汉书》，第 88 卷，3605 页。
⑦ 《汉书》，第 81 卷，3347、3352 页。

续表

帝王	从师问学	出　处
成帝	张禹，授《论语》	《汉书·张禹传》："初元中，……荐言禹善《论语》。诏令禹授太子《论语》。""初，禹为（太子）师，以上难数对己问经，为《论语章句》献之。"① 《汉书·叙传》："时上方乡学，郑宽中、张禹朝夕入说《尚书》、《论语》于金华殿中。"②
	匡衡，治《诗》	《汉书·匡衡传》："诸儒为之语曰：'无说《诗》，匡鼎来；匡说《诗》，解人颐。'""上（元帝）说其言，迁衡为光禄大夫、太子少傅。"③
	黄霸，学律令	《汉书·循吏传》："（黄）霸少学律令，喜为吏。""后数月，征霸为太子太傅，迁御史大夫。"④
	刘彭祖	《汉书·百官公卿表》："河南太守刘彭祖为左冯翊，二年迁为太子太傅。"⑤
	张谭	《汉书·冯奉世传》："廉洁节俭，太子少傅张谭是也。其以少傅为御史大夫。"⑥ 《汉书百官公卿表》："太子少傅张谭为御史大夫，三年坐选举不实免。"⑦
	夏侯千秋，疑为成帝师，治《书》	《汉书·夏侯胜传》："（夏侯）建子千秋，亦为少府、太子少傅。"⑧

---

① 《汉书》，第81卷，3347、3352页。
② 《汉书》，第100卷上，4198页。
③ 《汉书》，第81卷，3331、3338页。
④ 《汉书》，第89卷，3627、3632页。
⑤ 《汉书》，第19卷下，816页。
⑥ 《汉书》，第79卷，3302～3303页。
⑦ 《汉书》，第19卷下，822～823页。
⑧ 《汉书》，第75卷，3159页。

续表

帝王	从师问学	出　处
哀帝	韦玄成、韦赏，授《诗》	《汉书·儒林传》："玄成及兄子赏，以《诗》授哀帝。"①
	师丹，治《诗》	《汉书·师丹传》："治《诗》，事匡衡。""成帝末年，立定陶王为皇太子，以丹为太子太傅。"②
平帝	孔光（孔霸之子）、王莽	《汉书·匡张孔马传》："莽白太后：'帝幼少，宜置师傅。'徙光为帝太傅，……明年，徙为太师，而莽为太傅。"③

注："治"，指帝师治学情况；"授"，史有明载帝师所传授之学。

需要特别说明的是汉文帝。虽然史无明载其师受情况，但文帝并非如《汉书·儒林传》所言"孝文本好刑名之言"④，他于儒学的传承起过重要的作用。文帝在学术文化建设方面主要做了三件事：1. 派晁错向伏生学习《尚书》；⑤ 2. 使博士、诸生

---

① 《汉书》，第 88 卷，3609 页。
② 《汉书》，第 86 卷，3503 页。
③ 《汉书》，第 81 卷，3362～3363 页。
④ 《汉书》，第 88 卷，3592 页。
⑤ 《汉书·晁错传》："孝文时天下亡治《尚书》者，独闻齐有伏生，故秦博士，治《尚书》，年九十余，老不可征。乃诏太常，使人受之。太常遣错受《尚书》。伏生所还，因上书称说。诏以为太子舍人。门大夫，迁博士。"《汉书·楚元王传》："至孝文皇帝，始使掌故晁错从伏生受《尚书》，《尚书》初出于屋壁，朽折散绝，今其书见在，时师传读而已。"

从六经中择文作《王制》;① 3. 设置四经博士。②

文帝亦颇受儒学浸润,③ 他非常赏识当时大儒贾谊。④ 文

---

① 《史记·孝文本纪》:"而使博士诸生刺《六经》中作《王制》。"

② 《史记·儒林传》:"韩婴,燕人也,孝文时为博士。"《汉书·儒林传》:"文帝时,闻申公为《诗》最精,以为博士。"《史记·封禅书》:"文帝乃召公孙臣,拜为博士,与诸生草改历服色事。"《史记·孝文本纪》:"天子乃复召鲁公孙臣,以为博士,申明土德事。"《汉书·楚元王传》:"至孝文皇帝……《诗》始萌牙。天下众书往往颇出,皆诸子传说,犹广立于学官,为置博士。"赵歧《孟子章句题辞》曰:"孝文皇欲广游学之路,《论语》、《孝经》、《孟子》、《尔雅》皆置博士。"

③ 牟宗三、徐复观都曾言文帝践行儒术。牟宗三说:"若以今日视之,则文帝之玄默尽智,固亦儒者精神也。"(牟宗三:《历史哲学》,217页,桂林,广西师范大学,2007,详见215~218页所论)徐复观说:"文帝虽好刑名,但已进一步受到儒家思想的影响。"(徐复观:《论经学史二种》,177页,上海,上海书店,2002,详见177~178页所论)

④ 《汉书·贾谊传》:"文帝召以为博士","文帝说之,超迁,岁中至太中大夫"。贾谊通《诗》《书》,还曾作《左氏传训故》,并进行传授。《汉书·贾谊传》:"年十八,以能诵《诗》、《书》、属文,称于郡中。"《汉书·儒林传》:"汉兴,北平侯张苍及梁太傅贾谊、京兆尹张敞、大中大夫刘公子,皆修《春秋左氏传》,谊为《左氏传训故》,授赵人贯公,为河间献王博士。"《汉书·贾谊传》载,贾谊被贬为长沙王太傅一年以后,文帝征贾谊入朝,坐宣室,"上因感鬼神事而问鬼神之本。谊具道所以然之故。至夜半,文帝前席。既罢,曰:'吾久不见贾生,自以为过之,今不及也。'"可见在学问见识方面,文帝是以贾谊为榜样的。文帝在政事上,也采纳贾谊的建议,如分封以削弱诸侯的势力。《汉书·贾谊传》:"文帝思贾生之言,乃分齐为六国,尽立悼惠王子六人为王。又迁淮南王喜于城阳,而分淮南为三国,尽立厉王三子以王之。"

帝也曾热衷于儒生所言的改历、服色、巡狩、封禅诸事。① 在文帝的诏策中，我们可以看到他接受经学的明证。

从上面列表，可以看出西汉帝王所受之学的几个特点。

1. 帝王所学，多为儒家经典，以《诗》《书》和《论语》为主。《论语》虽当时称为"传"，但其实际地位已经是"经"。

2. 西汉帝王的老师，大多由著名经师担任，每位经师，都有专门之学，而且，往往一帝多师，一经多师，使帝王能够博学五经及各家之说。从师最多的是元帝。

3. 除太子太傅和少傅传太子以专门之学外，博士及某些官员也可以传授太子或帝王以专门之学，如孔霸以太中大夫之职授太子，郑宽中以博士授太子，张融以博士授成帝《论语》。

西汉帝王多有所师受，其所学最表面、最直接地反映在诏策中征引经书及《论语》的情况当中。

总计西汉诏策中征引最多的是《诗》和《书》，再次是《论语》。汉初几位帝王征引较少，自武帝始，征引渐多，见下表。

	《诗》	《书》	《易》	《春秋》	《论语》
汉高祖	0	0	0	0	0
汉文帝	2	2	0	0	0

---

① 《史记·封禅书》："而使博士、诸生刺六经中作《王制》，谋议巡狩、封禅事。"《汉书·张苍传》："鲁人公孙臣上书，陈终始五德传，言汉土德。时其符黄龙，见当改正朔、易服色事。""其后黄龙见成纪，于是文帝召公孙臣以为博士，草立土德时历制度，更元年。"文帝后来不再热心于此是因为新垣平。《史记·封禅书》："人有上书告新垣平所言气神事，皆诈也。下平吏治，诛夷新垣平。自是之后，文帝怠于改正朔、服色、神明之事。"

	《诗》	《书》	《易》	《春秋》	《论语》
汉景帝	0	0	0	0	0
汉武帝	7	7	3	1	2
汉昭帝	1	0	0	0	1
汉宣帝	2	5	0	0	1
汉元帝	6	3	0	0	3
汉成帝	4	9	1	0	7
汉哀帝	4	4	0	2	5

注：具体征引的语句，详见本章附表。

高祖和景帝的诏策，无一言征引五经及《论语》《孝经》等书。恰恰高祖无学，景帝不好儒术，而以学申商刑名之术、讲究术数的晁错为师。这一情形也从反面说明了所学与诏策大有关系。

第二节　经学师受与帝王人格类型

经学教育对人格有极重要的涵养作用。对此，汉代学者多有议论。对五经，先秦学术重在论其内容特质。① 汉代学术则不然，汉代看重的是五经对人性情、气质的培养化育作用。最典型的论述如：

温惠柔良者，《诗》之风也；淳庞敦厚者，《书》之教也；清明条达者，《易》之义也；恭俭尊让者，《礼》之为也，宽裕简易者，《乐》之化也；刺几辩义者，《春秋》之靡也。（《淮南子·泰

---

① 如《庄子·天下》："《诗》以道志，《书》以道事，礼以道行，乐以道和，《易》以道阴阳，《春秋》以道名分。"

族训》)①

温柔敦厚，《诗》教也；疏通知远，《书》教也；广博易良，乐教也；洁静精微，《易》教也；恭俭庄敬，礼教也；属辞比事，《春秋》教也。(《礼记·经解》)②

人们期待从这些经典中学到的，大多是对性情品格的培育。

那么，经学教育的精神主旨与帝王人格类型，存在哪些对应关系，这些又是如何呈现在诏策中的呢？

从经学教育与人格形成的角度考察，西汉帝王呈现出的人格类型，大略可以分为三种。一曰理智型。西汉经学的主体精神是"通经致用"，是面向现实。文帝就关注现实问题，寻求解决现实问题的可行之道。二曰理想型。经学多所设拟理想帝国图景，富于理想性。武宣二帝，即富于理想与气魄。三曰因循型。西汉经学渐渐讲究师法、传述先师之言，与之相应，汉中期以后的帝王如元帝、成帝至哀帝，便再无高祖之雄、文帝之智、武宣之气了，显得很平庸。

三种人格类型，可以从两类诏书中看得很清楚。一是对贤良文学的问策；二是因为出现灾异或祥瑞而发布的诏书。仅举数例，以见一斑。

文帝十五年《策贤良文学诏》曰："……故诏有司、诸侯王、

---

① (汉)高诱注：《淮南子》，第 20 卷，见《诸子集成》，第七册，353 页。

② (汉)郑玄注、(唐)孔颖达疏：《礼记正义》，见(清)阮元校刻《十三经注疏》，1609 页。其他还有，如董仲舒《春秋繁露·玉杯》："君子知在位者之不能以恶服人也，是故简六艺以赡养之。《诗》、《书》序其志，礼乐纯其美，《易》、《春秋》明其知。六学皆大，而各有所长。《诗》道志，故长于质；礼制节，故长于文；乐咏德，故长于风；《书》著功，故长于事，《易》本天地，故长于数，《春秋》正是非，故长于治人。"

三公、九卿及主郡吏，各帅其志，以选贤良明于国家之大体，通于人事之终始，及能直言极谏者，各有人数，将以匡朕之不逮。""大夫其上三道之要，及永惟朕之不德，吏之不平，政之不宣，民之不宁，四者之阙，悉陈其志，毋有所隐。"(《汉书·晁错传》)①

武帝元光五年《策贤良制》曰："盖闻上古至治，画衣冠，异章服，而民不犯；阴阳和，五谷登，六畜蕃，甘露降，风雨时，嘉禾兴，朱草生，山不童，泽不涸；麟凤在郊薮，龟龙游于沼，河洛出图书；父不丧子，兄不哭弟；北发渠搜，南抚交阯，舟车所至，人迹所及，跂行喙息，咸得其宜。朕甚嘉之，今何道而臻乎此？"(《汉书·公孙弘传》)②

成帝建始四年《白虎殿策方正直言诏》曰："天地之道何贵？王者之法何如？六经之义何上？人之行何先？取人之术何以？当世之治何务？各以经对。"(《汉书·杜钦传》)③

文帝所问，立足于现实，关注国家大体，人事终始，平吏、宣政、安民之计。武帝所问，是取法经学所树立的上古至治之世，关注的是实现充满虚妄色彩的理想社会的途径。武帝求贤诏"盖有非常之功，必待非常之人"之语更是再明白不过地表达出他对超越现实的向往。成帝所问则毫无新意，因循旧辞耳。

面对灾异或祥瑞，不同人格类型反应亦不同。

理智型人格如文帝，其二年《日食求言诏》，逢灾异而反思人君之责，反思自身是否有不德，语意极诚恳，文也较长。理想型人格，于灾异或避而不谈，或轻描淡写，他们看重的是祥瑞吉兆。武帝诏策文数量很多，但没有一篇是关于灾异的，言

① 《汉书》，第 49 卷，2290 页。
② 《汉书》，第 58 卷，2613～2614 页。
③ 《汉书》，第 60 卷，2673 页。

祥瑞的有两篇。宣帝的灾异诏篇篇是官样文章，敷衍了事，①
为祥瑞而作的则有多篇。因循型人格如元成二帝，多存灾异
诏，诏中多述经学家之阴阳学说。

第三节　诏策的内容、体制与帝王的经学师受

西汉诏策的内容、体制与帝王所受经学教育亦有相当
关系。

（一）由于观念的灌输，形成特殊的诏策内容

经学教育的实质是观念教育。与一些突出的经学观念相呼
应的是，诏策中显现出特殊的内容。最典型的是灾异诏。西汉
诏策言灾异的很多；② 计有文帝 2 篇，宣帝 2 篇，元帝 14 篇，
成帝 11 篇。这些诏书的内容无一例外，都是天现灾异，人君
则求言、求贤以匡弊救失。

---

① 《日食诏》全文曰："皇天见异，以戒朕躬，是朕之不逮，吏之
不称也。以前使使者问民所疾苦，复遣丞相、御史掾一十四人，循行天
下，举冤狱，察擅为苛禁深刻不改者。"（《汉书·宣帝纪》）宣帝有两次
《地震求言诏》，也极简，如地节三年："乃者九月壬申地震，朕甚惧焉。
有能箴朕之失，及贤良方正直言极谏之士，以匡朕之不逮，毋讳有司。"
（《汉书·宣帝纪》）

② 文帝有二年《日食求言诏》，后元年《求言诏》。宣帝有本始四年
《地震诏》，地节三年《地震诏》。元帝有初元二年《灾异求言诏》《灾异求
言又诏》，初元三年《赦诏》《求言诏》，初元五年《因灾异改行新政诏》，
永光元年《赦诏》，永光二年《大赦诏》《日食诏》和《赦诏》，永光四年《赦
诏》《日蚀求言诏》，建昭四年《遣使循行天下诏》，建昭五年《赦诏》。成
帝有建始元年《大赦诏》，河平元年《日食求言大赦诏》，鸿嘉二年《选贤
诏》，永始二年《龙见日蚀诏》，永始三年《遣使用权循行诏》，永始四年
《诏有司》，元延元年《孛星见求直言诏》，绥和二年《遣使循行水灾诏》，
建平二年《大赦改元诏》和《蠲除改元制书诏》，元寿元年《日蚀诏》。

文帝二年的《日食求言诏》最为典型，也是这类最早的诏书。文曰：

朕闻之，天生民，为之置君以养治之。人主不德，布政不均，则天示之灾以戒不治。乃十一月晦，日有食之，适见于天，灾孰大焉！朕获保宗庙，以微眇之身，托于士民君王之上，天下治乱，在予一人，唯二三执政犹吾股肱也。朕下不能治育群生，上以累三光之明，其不德大矣。令至，其悉思朕之过失，及知见之所不及，匄以启告朕。及举贤良方正能直言极谏者，以匡朕之不逮，因各敕以职任，务省繇费以便民。朕既不能远德，故悯然念外人之有非，是以设备未息。今纵不能罢边屯戍，又饬兵厚卫，其罢卫将军。太仆见马遗财足，余皆以给传置。(《汉书·文帝纪》)①

这道诏策，有这样几层意思：1. 人君不德，则天降灾以惩戒；2. 今有大灾；3. 人君有过失；4. 求贤纳言。

文帝这篇诏书，源于天降灾异以告人君之失的观念。由这个观念出发，推导出后面的几层意思。

这种内容，这一思维方式、写作方式，后来成为一种模式。在宣帝和元帝的灾异诏中，屡次出现。② 举凡日食、地震、火灾、旱灾、蝗灾，帝王都会下罪己诏以求贤良方正之士。

天降灾异以昭示人君不德的观念由来甚早。对此最初的表述当属《尚书》。《汤诰》曰："天道福善祸淫，降灾于夏，以彰

---

① 《汉书》，第 4 卷，116 页。

② 宣帝和元帝除求贤纳言外，还多了一层大赦天下的内容。如元帝初元三年《赦诏》："乃者火灾降于孝武园馆，朕战栗恐惧，不烛变异，咎在朕躬。群司又未肯极言朕过，以至于斯，将何以窹焉？百姓仍遭凶厄，无以相振，加以烦扰乎苛吏，拘牵乎微文，不得永终性命，朕甚闵焉，其赦天下。"(《汉书·元帝纪》)

厥罪。"①这种写作模式始自文帝,文帝亲信曾从伏生传《尚书》的晁错。文帝这一观念的来源,或与《尚书》有关。元帝、成帝两朝这类诏书最多,而元帝和成帝多有儒师,其中专门为元帝讲授《尚书》的经师,前后就多达 6 人,且其师多言阴阳灾异。西汉诏策内容上的这个突出特点,与帝王所受之学大有关系。

其他如"亲亲尊尊"观念,亦广为西汉帝王接受。武帝、昭帝、元帝和成帝都有以这一观念为论说基础的诏书。②

(二)帝王接受不同的观念,诏策内容亦发生变化

西汉二百余年,经学的话题、主旨发生很大变化,帝王接受的教育也相应有所改易。帝王所处的实际政治环境,面临的问题也不同。排除帝王个性的主观因素,他们接受的观念随着客观话语环境的改变而表现出显著的差异。大体说来,文帝、武帝及元成二帝可以作为三个阶段的代表。

1. 文帝与明德慎罚观念

尚德敬德、不乱施刑罚的明德慎罚思想,是西周初年就确

---

① (汉)孔安国传、(唐)孔颖达疏:《尚书正义》,见(清)阮元校刻:《十三经注疏》,162 页。

② 武帝征和二年《以刘屈氂为左丞相诏》:"其以涿郡太守屈氂为左丞相,分丞相长史为两府,以待天下远方之选。夫亲亲任贤,周唐之道也。"(《汉书·刘屈氂传》)昭帝元凤六年《封张安世为富平侯诏》:"右将军禄勋安世,辅政宿卫,肃敬不怠,十有三年,咸以康宁。夫亲亲任贤,唐虞之道也。其封安世为富平侯。"(《汉书·张安世传》)元帝永光四年《议毁庙诏》:"盖闻明王制礼,立亲庙四,祖宗之庙,万世不毁,所以明尊祖敬宗,著亲亲也。"(《汉书·韦玄成传》)元帝永光五年《正毁庙迁主礼仪诏》:"盖闻王者祖有功而宗有德,尊尊之大义也;存亲庙四,亲亲之至恩也。"(《汉书·韦玄成传》)元帝《敕谕东平王宇玺书》:"皇帝问东平王,盖闻亲亲之恩,莫重于孝;尊尊之义,莫大于忠。"(《汉书·宣元六王传》)成帝《诏有司复东平削县》:"盖闻仁以亲亲,古之道也。前东平王有阙,有司请废,朕不忍。"(《汉书·宣元六王传》)

立的，它是《尚书》中很重要的观念。《尚书·康诰》云："惟乃
丕显考文王，克明德慎罚。"①文帝的诏书多次表达这一观念。
文帝本是代王，偏居一隅。他虽然成为天子，但是开国的一帮
老臣的势力尚强，刘姓诸侯的势力也很大，外还有匈奴的侵
扰，政治形势不容乐观。文帝常存戒慎忧惧之心，其诏书表现
的心态与周公诸诰颇类。以下几例都很典型。

朕即位十三年于今，赖宗庙之灵，社稷之福，方内艾安，
民人靡疾。间者比年登，朕之不德，何以飨此？皆上帝诸神之
赐也。(《增神祠制》，《史记·封禅书》)②

朕既不德，上帝神明未歆飨也。天下人民未有惬志。今纵
不能博求天下贤圣有德之人而嬗天下焉，而曰豫建太子，是重
吾不德也。谓天下何？其安之。(《答有司请建太子诏》，《汉
书·文帝纪》)③

制诏御史：盖闻有虞氏之时，画衣冠异章服以为戮，而民
弗犯，何治之至也！今法有肉刑三，而奸不止，其咎安在？非
乃朕德之薄，而教不明与！吾甚自愧。故夫训道不纯而愚民陷
焉。《诗》曰："恺弟君子，民之父母。"今人有过，教未施而刑
已加焉，或欲改行为善，而道亡繇至，朕甚怜之。夫刑至断支
体，刻肌肤，终身不息，何其刑之痛而不德也！岂称为民父母
之意哉？其除肉刑，有以易之；及令罪人各以轻重，不亡逃，
有年而免，具为令。(《除肉刑诏》，《汉书·刑法志》)④

诏丞相、太尉、御史：法者，治之正，所以禁暴而卫善人
也。今犯法者已论，而使无罪之父母妻子同产坐之及收，朕甚

---

① 《尚书正义》，见(清)阮元校刻：《十三经注疏》，203 页。
② 《史记》，第 28 卷，1381 页。
③ 《汉书》，第 4 卷，111 页。
④ 《汉书》，第 23 卷，1098 页。

弗取。其议。(《议除连坐诏》,《汉书·刑法志》)①

文帝的诏书反复言说"朕之不德",之所以能享有天下,全仰赖先人及上帝诸神。《汉书·刑法志》载文帝回复周勃、陈平的上奏,曰:"朕闻之,法正则民悫,罪当则民从。且夫牧民而道之以善者,吏也;既不能道,又以不正之法罪之,是法反害于民,为暴者也。朕未见其便,宜孰计之。"②他认为对百姓用刑当"法正","罪当",且前提是要"道之以善",如果反其道而行之,则是"害于民而为暴"。基于这样的思想观念,文帝才除肉刑、除连坐。

2. 武帝与天人感应说

武帝登上帝位时,虽然也面临着内忧外患的夹击,但毕竟经过文景之治,经过汉初六七十年的养息,汉帝国已经积累了比较雄厚的实力。这样的背景培养、激发了武帝的雄才大略。武帝时,董仲舒创立了系统的天人感应学说,盛行于世。武帝的诏策明显有异于文帝,他不再讲明德慎罚,而论及天人感应。

制曰:盖闻"善言天者必有征于人,善言古者必有验于今"。故朕垂问乎天人之应,上嘉唐虞,下悼桀纣,寖微寖灭寖明寖昌之道,虚心以改。……(《元光元年策贤良制》,《汉书·董仲舒传》)③

制曰:……子大夫修先圣之术,明君臣之义,讲论洽闻,有声乎当世,敢问子大夫:天人之道,何所本始?吉凶之效,安所期焉?禹汤水旱,厥咎何由?仁义礼知四者之宜,当安设施?属统垂业,物鬼变化,天命之符,废兴何如?……(《元光

---

① 《汉书》,第 23 卷,1104 页。

② 《汉书》,第 23 卷,1105 页。

③ 《汉书》,第 56 卷,2513 页。

五年策贤良制》,《汉书·公孙弘传》)①

　　在元光元年和元光五年的两次《策贤良制》中, 武帝均问及天人感应之说, 与文帝之言明德慎罚大异其趣。

　　3. 元成二帝与阴阳灾异说

　　元帝和成帝年间, 学术思潮又有所嬗革, 盛行的是阴阳灾异之说, 其时大臣的奏疏, 多言阴阳灾异。② 元成二帝的诏策也随之迁变。

　　同样是面对日食, 文帝的《日食求言诏》曰:"人主不德, 布政不均, 则天示之灾以戒不治。乃十一月晦, 日有食之, 适见于天, 灾孰大焉!"(《汉书·文帝纪》)③他只说"灾", 并未言阴阳。灾出现的原因, 是因为人主不德。元成二帝则否。

　　盖闻安民之道, 本繇阴阳。间者阴阳错谬, 风雨不时。……丞相御史举天下明阴阳灾异者各三人。(元帝初元三年《求言诏》,《汉书·元帝纪》)④

　　朕战战栗栗, 夙夜思过失, 不敢荒宁。惟阴阳不调, 未烛其咎……是以氛邪岁增, 侵犯太阳; 正气湛掩, 日久夺光。乃壬戌, 日有蚀之。天见大异, 以戒朕躬, 朕甚悼焉。(元帝永光二年《日食诏》,《汉书·元帝纪》)⑤

　　朕承先帝圣绪, 涉道未深, 不明事性, 是以阴阳错缪, 日月无光; 赤黄之气, 充塞天下, 咎在朕躬。……"(成帝初即位

---

　　① 《汉书》, 第58卷, 2614页。

　　② 武帝和宣帝的诏书都提及"阴阳", 但只是自然天象状况而已, 与元成二帝所云不同。如宣帝元康元年《博举诏》曰:"朕不明六艺, 郁于大道, 是以阴阳风雨未时。其博举吏民, 厥身修正, 通文学, 明于先王之术, 宣究其意者各二人, 中二千石各一人。"(《汉书·宣帝纪》)

　　③ 《汉书》, 第4卷, 116页。

　　④ 《汉书》, 第9卷, 284页。

　　⑤ 《汉书》, 第9卷, 289页。

《报王凤》,《汉书·元后传》)①

元成二帝把灾异都归因于阴阳不调。② 他们的思路是：日食出现的原因是阴阳不调，邪气侵犯阳气。安民治国的根本之道乃是阴阳。因为我不德，所以造成阴阳不调，产生一系列的反常失序现象。

(三)诏策体制程式化的倾向越来越突出

高祖之诏质直无文，本无定法。自文帝始，随着经学教育的逐渐加强，诏策的体制亦渐趋类型化。最典型的莫过于灾异诏。

1. 灾异诏的体制

上文已多处论及，灾异诏始自文帝，其后元帝成帝所作最多。最典型的言说体制是：(1)朕小心谨慎；(2)然而有灾异；(3)因朕不德；(4)请臣下陈奏朕之过失(或大赦天下，或求贤良)。再举元成二帝诏例。

……今朕获承高祖之洪业，托位公侯之上，夙夜战栗，永惟百姓之急，未尝有忘焉。然而阴阳未调，三光晦昧，元元大困，流散道路，盗贼并兴。有司又长残贼，失牧民之术。是皆朕之不明，政有所亏。咎至于此，朕甚自耻。为民父母，若是之薄，

---

① 《汉书》，第98卷，4017页。

② 他们的诏策中这类说法很多。如元帝初元二年《又诏》："今秋禾麦颇伤，一年中地再动，北海水溢，流杀人民，阴阳不和，其咎安在？公卿将何以忧之？其悉意陈朕过，靡有所讳。"(《汉书·元帝纪》)建昭四年《遣使循行天下诏》："间者阴阳不调，五行失序，……举茂材特立之十，相将九卿，其帅意毋怠，使朕获观教化之流焉。"(《汉书·元帝纪》)永光元年《报于定国》："方今承周秦之敝，俗化陵夷，民寡礼谊，阴阳不调，灾咎之发，不为一端而作，自圣人推类以记，不敢专也。况于非圣者乎？"(《汉书·于定国传》)人君不德，谪见天地，灾异娄发，以告不治。朕涉道日寡，举错不中，乃戊申日蚀地震，朕甚惧焉。(成帝建始三年《举贤良方正诏》，《汉书·成帝纪》)

谓百姓何！……(元帝永光二年《大赦诏》,《汉书·元帝纪》)①

朕承天地,获保宗庙,明有所蔽,德不能绥,刑罚不中,众冤失职,趋阙告诉者不绝。是以阴阳错谬,寒暑失序,日月不光,百姓蒙辜,朕甚闵焉。……(成帝鸿嘉元年《治冤狱诏》,《汉书·成帝纪》)②

还有另外一种体制,言说程式是:(1)古之贤圣如何;(2)我(大臣)当如何(或现实却出现悖乱情况)。这种体制始自武帝。

朕闻昔在唐虞,画像而民不犯,日月所烛,莫不率俾。周之成康,刑错不用,德及鸟兽,教通四海。海外肃眘,北发渠搜,氐羌徕服;星辰不孛,日月不蚀,山陵不崩,川谷不塞;麟凤在郊薮,河洛出图书。呜乎！何施而臻此与！今朕获奉宗庙,夙兴以求,夜寐以思,若涉渊水,未知所济。猗与伟与！何行而可以章先帝之洪业休德,上参尧舜,下配三王！朕之不敏,不能远德,此子大夫之所睹闻也。贤良明于古今王事之体,受策察问,咸以书对,著之于篇,朕亲览焉。(武帝元光元年《诏贤良制》,《汉书·武帝纪》)③

盖闻贤圣在位,阴阳和,风雨时,日月光,星辰静,黎庶康宁,考终厥命。今朕恭承天地,托于公侯之上,明不能烛,德不能绥,灾异并臻,连年不息。乃二月戊午,地震于陇西郡,毁落太上皇庙殿壁木饰,坏败豲道县城郭官寺及民室屋,压杀人众。山崩地裂,水泉涌出。天惟降灾,震惊朕师。治有大亏,咎至于斯。……(元帝初元二年《灾异求言诏》,《汉书·元帝纪》)④

---

① 《汉书》,第9卷,288页。
② 《汉书》,第10卷,315页。
③ 《汉书》,第6卷,160~161页。
④ 《汉书》,第9卷,281页。

　　昔在帝尧立羲、和之官，命以四时之事，令不失其序。故《书》云："黎民于蕃时雍。"明以阴阳为本也。今公卿大夫或不信阴阳，薄而小之，所奏请多违时政。传以不知，周行天下，而欲望阴阳和调，岂不谬哉！其务顺四时月令。（成帝阳朔二年《顺时令诏》，《汉书·成帝纪》）①

　　不好儒学的诸帝王，如高祖、景帝、宣帝，其诏策则没有上述言说程式。

　　2. 首述经典以引起议论的言说方式

　　随着对儒家经典学习的加强，诏策中渐渐出现了首述经典以引起议论的言说方式。具体可以分为以下两种情况。

　　（1）直接引经典之语

　　有些诏书明确地以经典之语起首。这种比较少。如宣帝元康二年《赦诏》："《书》云：'文王作罚，刑兹无赦。'"（《汉书·宣帝纪》）②成帝阳朔四年《劝农诏》："夫《洪范》八政，以食为首。"（《汉书·成帝纪》）③成帝河平年间《议减省律令诏》："《甫刑》云：'五刑之属三千，大辟之罚其属二百。'"（《汉书·刑法志》）④哀帝绥和二年《尊定陶傅太后等诏》："《春秋》：'母以子贵'。"（《汉书·哀帝纪》）⑤

　　（2）以"盖闻""朕闻""昔者""古者"起首

　　大多数诏书以"盖闻"、"朕闻"等起首引起经典之文句或经典所述之义及事，如文帝《除秘祝诏》："盖闻天道，祸自怨起，而福繇德兴。"（《史记·孝文本纪》）⑥此语是对先秦天道观相关

---

① 《汉书》，第 10 卷，312 页。
② 《汉书》，第 8 卷，255 页。
③ 《汉书》，第 10 卷，314 页。
④ 《汉书》，第 23 卷，1103 页。
⑤ 《汉书》，第 11 卷，335 页。
⑥ 《史记》，第 10 卷，427 页。

理性思想的总结概括。武帝诏策此类引述最多，如《赐卜式爵诏》："朕闻报德以德，报怨以直。"《汉书·卜式传》①"报德以德，报怨以直"，出自《论语·宪问》。宣帝地节元年《复宗室属籍诏》："盖闻尧亲九族，以和万国。"《汉书·宣帝纪》②出自《尚书·尧典》。成帝《闵楚王被疾诏》："盖闻天地之性人为贵，人之行莫大于孝。"《汉书·宣元六王传》③出自《孝经·圣治》。

第四节　诏策的风格与帝王的经学师受

西汉诏策的风格与帝王的行事个性颇相符。从帝王所受经学教育与其实际的诏策写作风格之关系这个角度考察，有三种类型：顺受型、逆受型及排斥型。

1. 顺受型

即诏书风格与所受经学教育可能产生的效果一致。文帝、昭帝、元帝、成帝、哀帝、平帝六位帝王，属于顺受型。经学的教材是儒家经典，其特质是诗乐之教，培养的是善于自省、敬德恭慎、温柔敦厚的人格类型。儒家诗乐之教培养的文学风格当是和平而博大的。前面所举文帝诸诏，均有此气象。其他如成帝的鸿嘉二年《选贤诏》、永始元年《罢昌陵诏》和永始四年《禁奢侈诏》，都是和平仁爱之音。

古之选贤，傅纳以言，明试以功。故官无废事，下无逸民，教化流行，风雨和时，百谷用成，众庶乐业，咸以康宁。朕承鸿业十有馀年，数遭水旱疾疫之灾，黎民娄困于饥寒，而望礼义之兴，岂不难哉！朕既无以率道，帝王之道日以陵夷，意乃招贤选士之路郁滞而不通与，将举者未得其人也？其举敦厚有行义能直

---

① 《汉书》，第58卷，2627页。

② 《汉书》，第8卷，246页。

③ 《汉书》，第80卷，3319页。

言者，冀闻切言嘉谋，匡朕之不逮。(《选贤诏》，《汉书·成帝纪》)①

朕执德不固，谋不尽下，过听将作大匠万年言昌陵三年可成。作治五年，中陵、司马殿门内尚未加功。天下虚耗，百姓罢劳，客土疏恶，终不可成。朕惟其难，恒然伤心。夫"过而不改，是谓过矣"。其罢昌陵，及故陵勿徙吏民，令天下毋有动摇之心。(《罢昌陵诏》，《汉书·成帝纪》)②

诏书中反映出帝王的自省、诚意、克制、恭俭等儒家倡导的德行，文中无任何激烈之音。

2. 逆受型

即诏书风格与所受经学教育可能产生的效果相反。武帝和宣帝属于这种类型。经学教育可能产生的写作风格是和平而博大，武帝和宣帝都接受了经学教育，有专门的老师。但二人的诏书风格与和平博大完全不相干。武帝虽多引古为例，但务虚而已。其文多质疑之音，多跋扈之音，多激切之音，风格恢宏超奇。宣帝文多简约、直陈，几乎不引古为例。

盖闻虞舜之时，游于岩郎之上，垂拱无为，而天下太平。周文王至于日昃不暇食，而宇内亦治。夫帝王之道，岂不同条共贯与？何劳逸之殊也？

盖俭者不造玄黄旌旗之饰。及至周室，设两观，乘大路，朱干玉戚，八佾陈于庭，而颂声兴。夫帝王之道岂异指哉？……

今子大夫待诏百有馀人，或道世务而未济，稽诸上古之不同，考之于今而难行，毋乃牵于文系而不得骋与？将所繇异术，所闻殊方与？各悉对，著于篇，毋讳有司。明其指略，切磋究之，以称朕意。(武帝《元光元年策贤良制》，《汉书·董仲

---

① 《汉书》，第10卷，317页。
② 《汉书》，第10卷，320页。

舒传》)①

制诏御史：盖受命而王，各有所由兴，殊路而同归，谓因民而作，追俗为制也。议者咸称太古，百姓何望？汉亦一家之事，典法不传，谓子孙何？化隆者宏博，治浅者褊狭，可不勉与！（武帝元封七年《定礼仪诏》,《史记·礼书》)②

宣帝诸诏，如元康二年《平法诏》，元康三年《禁春夏弹射诏》，五凤四年《日食诏》，五凤二年《嫁娶不禁具酒食诏》诸诏，语句直指中心，别无旁涉，较有代表性。此外，在顺受型帝王那里极突出的灾异诏，在武、宣二帝这里完全是另外一种写法。且二人都更重祥瑞，宣帝诏策尤多此类内容。

3. 排斥型

西汉帝王中对儒家经典持排斥态度的有两位，高祖和景帝。高祖无学，景帝之师于史有征的一是张相如，二是石奋，二人于儒学均无闻焉。景帝曾读《黄帝》《老子》，宠信习申商刑名之学的晁错。高祖诏策的风格质直，与其无学正相应，景帝虽未明言不好儒学，但实与儒学关系甚疏，其诏风格刻深。以高祖的求贤诏和文帝的举贤之道对读，景帝的劝农诏和文帝的劝农诏对读，可见高祖和景帝诏策的风格迥异。

盖闻王者莫高于周文，伯者莫高于齐桓，皆待贤人而成名。今天下贤者智能岂特古之人乎？患在人主不交故也，士奚由进！今吾以天之灵，贤士大夫定有天下，以为一家，欲其长久，世世奉宗庙亡绝也。贤人已与我共平之矣，而不与吾共利之，可乎？贤士大夫有肯从我游者，吾能尊显之。布告天下，使明知朕意。……（高祖十一年《求贤诏》,《汉书·高帝纪》)③

吾立为天子，帝有天下，十二年于今矣。与天下之豪士贤

---

① 《汉书》，第56卷，2506页。
② 《史记》，第23卷，1160～1161页。
③ 《汉书》，第1卷下，71页。

大夫共定天下，同安辑之。其有功者上致之王，次为列侯，下乃食邑。而重臣之亲，或为列侯，皆令自置吏，得赋敛；女子公主。为列侯食邑者，皆佩之印，赐大第室。吏二千石，徙之长安，受小第室。入蜀汉定三秦者，皆世世复。吾于天下贤士功臣，可谓亡负矣。其有不义背天子擅起兵者，与天下共伐诛之。布告天下，使明知朕意。（高祖十二年《布告天下诏》，《汉书·高帝纪》）①

孝悌，天下之大顺也。力田，为生之本也。三老，众民之师也。廉吏，民之表也。朕甚嘉此二三大夫之行。今万家之县，云无应令，岂实人情？是吏举贤之道未备也。其遣谒者劳赐三老、孝者帛人五匹，悌者、力田二匹，廉吏二百石以上率百石者三匹。及问民所不便安，而以户口率置三老孝悌力田常员，令各率其意以道民焉。（文帝十二年《置三老孝悌力田常员诏》，《汉书·文帝纪》）②

高祖所言则不离"利"，文帝之诏则多问句，一片仁厚博爱之心溢于言表。文帝和景帝的劝农诏也大异其趣。景帝后三年《劝农桑诏》曰："农，天下之本也。黄金珠玉，饥不可食，寒不可衣，以为币用，不识其终始。间岁或不登，意为末者众，农民寡也。其令郡国务劝农桑，益种树，可得衣食物。吏发民若取庸采黄金珠玉者，坐臧为盗，二千石听者，与同罪。"（《汉书·景帝纪》）③文帝二年《劝农诏》曰："农，天下之大本也，民所恃以生也。而民或不务本而事末，故生不遂。朕忧其然，故今兹亲率群臣农以劝之。其赐天下民今年田租之半。"（《汉

---

① 《汉书》，第1卷下，78页。
② 《汉书》，第4卷，124页。
③ 《汉书》，第5卷，152～153页。

书·文帝纪》)①

景帝的劝农诏句子较整齐，多用否定词，语气严厉，以罚为戒。文帝之诏，语气缓和，关注的是民如何可生，亲自表率劝勉并免租，以赏为劝。文帝可谓"仁者"，景帝可谓"忍人"。

4. 语体模仿《尚书》之作

武帝和宣帝传有语言风格模仿《尚书》的诏策。武帝有著名的策封齐王、燕王、广陵王三策，语言极似《尚书》。《文心雕龙·诏策》早已指出："武帝崇儒，选言弘奥。策封三王，文同训典；劝戒渊雅，垂范后代。"②这里仅举其元狩六年《策封齐王闳》为例：

> 维六年四月乙巳，皇帝使御史大夫汤庙立子闳为齐王。曰："於戏，小子闳，受兹青社！朕承祖考，维稽古建尔国家，封于东土，世为汉藩辅。於戏念哉！恭朕之诏，惟命不于常。人之好德，克明显光。义之不图，俾君子怠。悉尔心，允执其中，天禄永终。厥有愆不臧，乃凶于而国，害于尔躬。於戏，保国艾民，可不敬与！王其戒之。"(《史记·三王世家》)③

此策与《尚书》语言对照见下表。

---

① 《汉书》，第 4 卷，118 页。文帝十二年《劝农诏》文风亦如此。文曰："道民之路，在于务本。朕亲率天下农，十年于今，而野不加辟，岁一不登，民有饥色，是从事焉尚寡，而吏未加务也。吾诏书数下，岁劝民种树，而功未兴，是吏奉吾诏不勤而劝民不明也。且吾农民甚苦，而吏莫之省，将何以劝焉？其赐农民今年租税之半。"(《汉书·文帝纪》)

② 范文澜：《文心雕龙注》，359 页。

③ 《史记》，第 60 卷，2111 页。

武帝	《尚书》
维稽古	曰若稽古(《尧典》)
封于东土	肆汝小子,封在兹东土。(《康诰》)
人之好德,克明显光	克明俊德(《尧典》)
	惟乃丕显考文王,克明德慎罚《康诰》
允执其中	人心惟危,道心惟微,惟精惟一,允执厥中。(《大禹谟》)
害于尔躬	尔所弗勖,其于尔躬有戮!(《牧誓》)
	尔不克敬,尔不啻不有尔土,予亦致天之罚于尔躬。(《多士》)
惟命不于常 於戏念哉	王曰:"呜呼!肆汝小子封。惟命不于常。汝念哉!"(《康诰》)
悉尔心 可不敬与	王曰:"呜呼!小子封,恫瘝乃身,敬哉!……往尽乃心,无康好逸豫,乃其乂民。"(《康诰》)
保国艾民	往敷求于殷先哲王用保乂民。(《康诰》)

通过对照,可以说,武帝之策几乎每句都与《尚书》有着渊源关系,语句、意思、语气,均与《尚书》无二。

宣帝的《策丙吉为丞相》和《策杜延年为御史大夫》两文,语词亦多仿《尚书》,① 兹不赘。

---

① 见《汉书·宣帝纪》。

附表一

帝王	引《诗》	出处
文帝	《诗》曰："恺弟君子，民之父母。"(《除肉刑诏》)	《大雅·泂酌》
	误居正位，常战战栗栗，恐事之不终。(《答陈武》)	《小雅·小旻》
	夙兴夜寐(《与匈奴和产诏》)	《大雅·抑》
武帝	高山仰之，景行向之。(《封皇子制》)	《小雅·车辖》
	《诗》不云乎："嗟尔君子，毋常安息，神之听之，介尔景福。"(《元光元年策贤良制》)	《小雅·小明》
	《诗》云："九变复贯，知言之选。"(《赦诏》)	逸诗
	《诗》云："忧心惨惨，念国之为虐。"(《遣谒者巡行天下诏》)	《小雅·正月》
	《诗》云："四牡翼翼，以征不服。"(《郊祠泰畴诏》)	《小雅·采薇》
	战战兢兢(《郊祠泰畴诏》)	《小雅·小宛》
	《诗》不云乎："薄伐猃狁，至于太原。出车彭彭，城彼朔方。"(《益封卫青》)	《小雅·出车》
昭帝	朕以眇身，获保宗庙，战战栗栗，夙兴夜寐。(《举贤良文学诏》)	《小雅·小旻》 《小雅·小宛》
宣帝	《诗》不云乎："无德不报。"(《封丙吉等诏》)	《大雅·抑》
	《诗》不云乎："民之失德，干糇以愆。"(《嫁娶不禁具酒食诏》)	《小雅·伐木》
元帝	战战兢兢(《遣使循行天下诏》)	《小雅·小宛》
	《诗》不云乎："凡民有丧，匍匐救之。"(《因灾异改行新政诏》)	《邶风·谷风》
	《诗》不云乎："今此下民，亦孔之哀。"(《日蚀求言诏》)	《小雅·十月之交》
	《诗》不云乎："民亦劳止，迄可小康。惠此中国，以绥四方。"(《初陵勿置县邑诏》)	《大雅·民劳》
	《诗》不云乎："靖恭尔位，正直是与。"(《赐淮阳王钦玺书》)	逸诗
	《诗》不云乎："毋念尔祖，述修厥德。永言配命，自求多福。"(《敕谕东平王宇玺书》)	《大雅·文王》

续表

帝王	引《诗》	出处
成帝	《诗》不云乎：“赫赫师尹，民具尔瞻。”（《禁奢侈诏》）	《小雅·节南山》
	《诗》云：“鼓钟于宫，声闻于外。”（《赐赵婕妤书》）	《小雅·白华》
	《诗》云：“虽无老成人，尚有典刑。曾是莫听，大命以倾。”（《报匡衡》）	《大雅·荡》
	《传》不云乎：“礼义不愆，何恤人之言。”（《报匡衡》）	逸诗，见《左传》卷四十二
哀帝	战战兢兢（《遣使循行水灾诏》）	《小雅·小宛》
	《诗》云：“谷则异室，死则同穴。”（《葬丁太后》）	《王风·大车》

附表二

帝王	引《书》	出处
文帝	天下治乱，在予一人。（《日食求言诏》）	《汤诰》：“百姓有过，在予一人。”
	圣者日新，改作更始。（《遗匈奴和亲书》）	汤之盘铭曰：“苟日新，日日新，又日新。”
	盖闻有虞氏之时，画衣冠异章服以为戮，而民弗犯，何治之至也？（《除肉刑诏》）	《舜典》：“象以典刑。”
武帝	盖闻上古至治，画衣冠，异章服而民不犯。（元光五年《征贤良文学策》）	《舜典》：“象以典刑”
	朕闻咎繇对禹曰：“在知人，知人则哲。”（《遣谒者巡行天下诏》	《皋陶谟》
	《书》曰：“毋偏毋党，王道荡荡。”（《报车千秋》）	《洪范》
	允执其中（《策齐王闳文》）	《康诰》：“允执厥中。”

续表

帝王	引《书》	出处
武帝	惟命不于常。(《策齐王闳文》)	《康诰》
	悉尔心，毋作怨(《策燕王旦文》)	《康诰》
	《书》云：'臣不作威，不作福"，靡有后羞。(《策广陵王胥文》)	《洪范》："臣无有作福作威玉食。"
宣帝	盖闻尧亲九族，以和万国。(《复宗室属籍诏》)	《尧典》
	《书》不云乎："凤皇来仪，庶尹允谐。"(《凤皇集甘露降诏》)	《益稷》
	《书》云："文王作罚，刑兹无赦。"(《赦诏》)	《康诰》
	《书》不云乎："股肱良哉。"(《赐黄霸秩诏》)	《益稷》
	《书》不云乎："虽休勿休，祗事不息。"(《匈奴来降赦诏》)	《冏命》
元帝	不敢荒宁(《日食诏》)	《无逸》
	《书》不云乎："股肱良哉！庶事康哉！"(《遣使循行天下诏》)	《益稷》
	《传》不云乎："百姓有过，在予一人。"(《赦诏》)	《泰誓中》
	昔周公戒伯禽曰："故旧无大故，则不可弃也。毋求备于一人。"(《赐东平王太后玺书》)	《君陈》
	《经》曰："万方有罪，罪在朕躬。"(《报于定国》)	《汤诰》
成帝	《书》不云乎："用德彰厥善。"(《闵楚王被疾诏》)	《盘庚》
	《书》云："黎民于蕃时雍。"(《顺时令诏》)	逸文
	《书》云："惟先假(格)王正厥事。"(《大赦诏》)	《高宗肜日》
	天着厥异，辜(罪)在朕躬。(《日蚀求言大赦诏》)	《汤诰》
	《甫刑》云："五刑之属三千，大辟之罚其属二百。"(《议减省律令诏》)	《甫刑》

续表

帝王	引《书》	出处
成帝	《书》不云乎："惟刑之恤哉。"（《议减省律令诏》）	《舜典》
	《书》不云乎："服田力穑，乃亦有秋。"（《劝农诏》）	逸文
	《书》不云乎："即我御事，罔克耆寿，咎在厥躬。"（《治冤狱诏》）	《文侯之命》
	古之选贤，傅纳以言，明试以功。（《选贤诏》）	《益稷》
	《书》不云乎："公无困我。"（《报王凤》）	逸文
	《书》云："高宗日，有雊雉。祖己曰：'惟先假王正厥事。'又曰：'虽休勿休，惟敬王刑，以成三德。'"（《报许皇后》）	《高宗肜日》
	女无面从，退有后言。（《举贤良方正诏》）	《益稷》
哀帝	盖闻《尚书》：五日考终命。（《大赦改元诏》）	《洪范》
	《书》不云乎："用德章厥善。"（《封董贤诏》）	《盘庚》
	厥咎不远，在予一人。（《日蚀诏》）	《汤诰》
	《书》不云乎："毋旷庶官，天工人其代之。"（《策免孔光》）	逸文

附表三

	引《论语》	出处
武帝	三人并行，厥有我师。（《议不举孝廉者罪诏》）	《述而》
	朕闻以报德以德，报怨以直。（《赐卜式诏》）	《宪问》
昭帝	以直报怨，不烦师众。（《封傅介子为义阳侯诏》）	《宪问》
宣帝	《传》曰："孝弟也者，其为仁之本与？"（《举孝弟诏》）	《学而》

续表

元帝	孔子曰："过而不改，是谓过矣。"(《敕谕东平王宇玺书》)	《卫灵公》
	《传》曰："父为子隐，直在其中矣。"(《赐东平王太后玺书》)	《子路》
成帝	夫"过而不改是谓过矣。"(《罢昌陵诏》)	《卫灵公》
	温故知新(《举博士诏》)	《为政》
	工欲善其事，必先利其器。(《举博士诏》)	《卫灵公》
	《传》不云乎："以约失之者鲜。"(《报许皇后》)	《里仁》
	夫子所痛，曰："蔑之，命矣夫。斯人也而有斯疾也。"(《闵楚王被疾诏》)	《雍也》
哀帝	《传》不云乎："恶利口之覆邦家"(《免孙宝诏》)	《阳货》
	孔子不云乎："放郑声，郑声淫。"(《罢乐府官诏》)	《卫灵公》
	"郁郁乎文哉，吾从周。"(《葬丁太后》)	《八佾》
	夫过而不改，是为过矣。(《蠲除改元制书诏》)	《卫灵公》
	允执其中。(《册董贤为大司马大将军》)	《尧曰》

附表四

帝王	引《易》	出处
武帝	《易》曰："先甲三日，后甲三日。"(《郊祀泰畤诏》)	《蛊》卦辞
	《易》曰："通其变，使民不倦。"(《敕诏》)	《系辞下》
	《干》称："蜚龙，鸿渐于般。"(《封栾大为乐通侯诏》)	《鸿》六二
成帝	《易》曰："鸟焚其巢，旅人先笑后号咷，丧牛于易，凶。"(《报许皇后》)	《旅》上九
	《传》曰："高而不危，所以长守贵也。"(《赐翟方进册》)	《易·履》上九："视履考祥，其旋元吉。"注："居极应说，高而不危，是其旋也。"

附表五

帝王	引《春秋公羊传》	出处
武帝	昔齐襄公复九世之仇，《春秋》大之。（《击匈奴诏》）	庄公十三年
哀帝	《春秋》母以子贵。（《尊定陶傅太后等诏》）	隐公元年
	盖君亲无将，将而诛之。是以季友鸩叔牙，《春秋》贤之；赵盾不讨贼，谓之弑君。（《册免丁明》）	庄公三十二年

第九章

文体的多源性

——以《说苑》《新序》《列女传》三书为例

刘向《说苑》《新序》和《列女传》三部书，具有先秦诸子著述的特点以及战国至汉初解经的特点。它们都近似历史故事集，①但故事不是独立的，刘向编撰的目的不是记事，而是说理，是"成一家之言"②。历史故事被有组织地编入某种思想框架之中。其体例既有鲜明的记叙特征，又具有议论的特点。这种以意为主，以事为宾，意在事先的思想表达方式，记论结合的结构形态，早在《周易》中就已形成。它是我国古代一种比较重要的编撰体例。对于研究文体的多源性，《说苑》三书具有典型意义。

第一节 三书体例与先秦诸子

《新序》共十卷，前五卷均题名"杂事"，其后三卷题名"刺奢""节士""义勇"，卷九和卷十

---

① 《说苑》三书的历史故事，有些虽然人物是真实的，但事情却难以考实，带有寓言性质。《说苑》和《新序》中的故事，大多是对话形式。

② 余嘉锡认为，《说苑》三书"皆非向所创造，特虽采自古书，而能自以义法部勒之，故得为一家之言。"（余嘉锡：《古书通例》，69页，上海，上海古籍出版社，1985）

都题名"善谋",卷九记春秋战国时事,卷十所记都是汉代事情。《说苑》共二十卷:君道、臣术、建本、立节、贵德、复恩、政理、尊贤、正谏、敬慎、善说、奉使、权谋、至公、指武、谈丛、杂言、辨物、修文、反质。《列女传》共七卷:母仪传、贤明传、仁智传、贞顺传、节义传、辩通传、孽嬖传。

《新序》只有卷五"君子曰"一章是语录体议论语段,其余都是历史轶事。《说苑》以历史轶事为主体,每卷中有少量议论章节,除《君道》卷首章没有议论外,其余各卷首章都以议论性文字开篇,大多阐明该卷观点。《列女传》在体例上有自己的特点,与其他二书不同。每卷人物传记前有小序,用四言诗形式解说该卷的宗旨及意义。每则人物故事之后,必以"《诗》云……此之谓也"形式引《诗》为证,最后以四言八句的"颂"诗结尾,多数还在引《诗》前有"君子"的评论。除卷一《母仪传》有十四个人物,十四个故事外,其他各卷均由十五个人物的事迹组成。形式非常整齐。

三书在体例上有共同特点。每卷都集结了春秋战国至西汉的一些人物对话或轶事,各自成章,每则轶事之间没有什么逻辑联系,多"依兴古事"以陈己意。① 具体又可以分为三种情况:有主题对话轶事集——同一卷中的每则轶事都围绕一个中心议题;无主题对话轶事集;无主题谈片论丛。三种类型的编撰体例,各有其渊源。

主题对话轶事集。《新序》后五卷,《说苑》除《谈丛》和《杂言》两卷之外的十八卷,《列女传》十卷,都属此类,其体例源自《庄子》。《庄子》中多有以一个议题组织起多则寓言故事的形

---

① 《汉书·刘向传》:"歆希得见,常因显白事,事决显口。会歆疾瘤,不能言而卒。显诬谱猛,令自杀于公车。更生伤之,乃著《疾谗》、《摘要》、《救危》及《世颂》,凡八篇,依兴古事,悼己及同类也。遂废十余年。"(《汉书》,第36卷,1948 页)

式。内七篇中，以《齐物论》和《大宗师》两篇论述文字较多，但每篇也都包含多则寓言。《齐物论》有南郭子綦答颜成子游问、狙公赋茅、罔两问影、庄周梦蝶等七则寓言。《大宗师》前半部分议论，后半部分由泉涸之鱼、南伯子葵问女偊、子祀四人相与语、意而子见许由、颜回坐忘、子桑鼓琴而歌等十则寓言组成。其他五篇都以寓言故事为主，在篇章的开头、结尾或中间有一部分议论的文字，点明主题。《逍遥游》《齐物论》《人间世》《德充符》《应帝王》都以寓言开篇，只有《养生主》和《大宗师》两篇以论开篇。

外杂篇中，《骈拇》《马蹄》《胠箧》《在宥》《刻意》《缮性》《庚桑楚》《寓言》《天下》九篇以论述为主，《盗跖》和《说剑》两篇围绕一件事展开论述，其他十五篇每篇都由大量寓言故事组成，论述极少。《庄子》三十三篇，有二十二篇都由多则寓言故事组成，在这二十二篇中，从题名上看，外杂篇多数取篇首两字或三字为题，但其中有些题目其实就是论述的中心，如《天道》《天运》《至乐》《达生》，不仅具有标示篇章的意义，还标示出篇章论述的中心议题。尽管这些寓言故事人们可以从中发掘出多种寓意，得到不同的启发，但在最初，这些寓言都是围绕着一个中心话题而组织在同一篇章中的。

《列子》全书八篇，每篇也是由多则寓言故事组成，因为多数学者认为它是魏晋时伪书，所以这里不论。①

以一个中心组织起众多故事，这种撰述方式以《庄子》最为突出。先秦其他诸子著作的有些篇章也具有同样的特点。《管子》的《大匡》《中匡》《小匡》《霸形》《戒》诸篇，多记桓公与管仲

---

① 刘向的《列子叙录》中提到"定著八篇"，篇数与今传本相同，并云"且多寓言，与庄周相类"，可以推断，即使今本《列子》为伪书，非刘向校定本，刘向校定的《列子》在体例上应当与今传本相似，与《庄子》相似。

的对话，《荀子》第二十卷中的五篇《宥坐》《子道》《法行》《哀公》《尧问》，多辑录历史故事及孔子和曾子语，这些篇章都可视为有主题轶事集。《韩非子》的《难一》《难二》《难三》《难四》，由多个历史故事及对每个历史故事中人物的观点重新评论、剖析组成，这些剖析都是向古人质疑，对古人发难，虽然各个故事的观点都不一样，但总体特点是"难"，所以也可以划入这个类型。

这种体例的作品一直绵延不绝，《吕氏春秋》有些篇章也缀辑几则历史故事来阐明道理，只是每篇的篇幅较短，故事数量不那么多，少则两个，最多不过五个，虽然不像《庄子》寓言故事那么密集，但也是承自《庄子》之体而来。汉初贾谊《新语》中的《春秋》《先醒》《耳痹》《谕诚》《退让》等篇也都包含多个历史故事，每篇有一个中心，也属此类。

这类有主题对话轶事集，有的篇章以议论开端，定下全文的议论基调。有的只是每个故事后有论，有的则故事后无议论，《说苑》三书各种形态都包括了。

无主题对话轶事集。《新序》前面题名"杂事"的五卷属于此类，与《韩非子》的《说林》（上下）文体相同。《说林》（上下）完全是历史及寓言故事集的形式，没有统帅全篇的论述话题。《说林》（上）缀辑了三十四个历史及寓言故事，《说林》（下）缀辑了三十七个历史及寓言故事。各个故事之间没有联系，独立成章。此外，《晏子春秋》一书以齐景公与晏子的问对式故事及晏子行事为主，内篇、外篇、外篇重而异者和外篇不合经术者，四部分八卷，共二百一十五章，每章都是一则小故事。全书是非常典型的故事集形式。

无主题谈片论丛。《说苑》的《谈丛》属于此类。这卷只有一则枭鸠对话的寓言，其余都是片断的议论或语录体记言。其体例可以上溯到《老子》和《论语》。《老子》是对于人生各个方面的哲理性论述短章，没有表面的"某曰"式的记言形式；只分章，标明章数，连标题也没有。《论语》的体例，记孔子及其弟子的片言只语，有"某曰"字样。全书二十篇虽有标题，可是标题只取篇首二字，并不表明一篇的论述中心。刘向之前，《淮南子》的《说山训》和《说林训》两篇也属此类。①

此外，《说苑》的《杂言》既有语录体的记言，又包含片断的议论和轶事旧闻，兼有无主题对话轶事集和无主题谈片论丛两种形式。

第二节　三书体例与说经方式

《说苑》和《新序》二书多取轶闻故事以表达编撰者的思想，这一体例特点不仅与先秦诸子有关，还与战国至汉初的说经方式具有一致性。

《韩诗外传》是汉代韩婴解说《诗经》的著作。全书共十卷，三百一十章，其中，有二百余章记历史轶闻，其余百余章是议论性语段，有的是语录体记言，结尾都征引《诗经》中的诗句。这种以历史轶闻和传说故事解说《诗经》的成书体例，也是刘向《说苑》三书体例的来源之一。从每一卷的编排上，《韩诗外传》属于无主题对话轶事集和谈片论丛类。《说苑》《新序》和《列女传》三书中的材料取自《韩诗外传》颇多，《说苑》中不仅有故事，也有独立成章的议论性文字，因此，早有学者将《说苑》三书与《韩诗外传》联系起来，但着眼点在《说苑》和《新序》二书对《韩

---

① 《说山训》首段是魄与魂的对话，是寓言故事。但全篇仅此一例，所以可以将它纳入此类。

诗外传》内容的引用以及《列女传》内容受《韩诗外传》的启发上,① 并没有将二书体例与解说经典的方式联系起来。其实,《韩诗外传》之前,已经产生以故事解说其他文本的文体形式。韩非推崇老子之说,司马迁在《史记》中将道家的老子与法家的韩非合为一传。《韩非子》中有《解老》和《喻老》两篇阐释老子之言。《解老》篇用论理的方式解说老子,而《喻老》篇共二十二章,只有两章以论理的方式阐述《老子》,其余二十章都引历史故事为证,并进行剖析,以此解说《老子》、证实《老子》。《韩非子》中《内储说》《外储说》和《十过》三篇,其实也是这种文本结构方式,只不过它们所解之经及所论之理并非是先人的言论,而是韩非自己的观点。《内储说》和《外储说》均由两部分构成。第一部分是观点,论述结束时,特别标出"右经"字样。第二部分集结诸多历史故事印证其观点,对"经"进行解说。《十过》从结构上也分为两部分。第一段是总论,提出"十过"这个概念,简要说明十过的内容,相当于经。后面的十段是第二部分,相当于传。每段都以"奚谓……"问句开头,自问自答,举出十个历史故事分别说明十种错误的治国行为、心理及其危害。它们都是"经(观点)—传(故事)"结构,即以故事解说观点。《淮南子·道应训》也用五十个寓言故事及历史故事解说《老子》。因为这些篇章只是书的一部分,《韩非子》和《淮南子》全书并不都是这样的体例,所以人们没有注意到它们。《韩诗外传》多以故事解说《诗经》的体例,从一部书的著述体例上看独树一帜,但是从解说方式、文本的结构形态上看,实是其来

---

① 徐复观《两汉思想史》(上海,华东师范大学出版社,2001)第三卷有一节"《新序》、《说苑》与《韩诗外传》"对此做了细致的研究。魏达纯认为刘向撰述《列女传》全部转录了《韩诗外传》中几位杰出女性,很可能刘向之书受到韩婴的启发。(魏达纯:《韩诗外传译注·自序》,长春,东北师范大学出版社,1993)

有自。

刘向《列女传》每个人物故事后都引《诗》中的诗句。格式是"《诗》云：……此之谓也。"这种引诗方式源自《荀子》。《荀子》阐明一个观点后多用《诗》作结，大部分是"《诗》曰（云）：……此之谓也"的格式。全书引《诗》多达 77 处。从引《诗》的形式上看，《列女传》与《荀子》完全相同。《列女传》结尾严整的引《诗》格式取自《荀子》，但从章节的结构形态上看，《列女传》是事（史）与诗相结合，而《荀子》是理与诗相结合。《列女传》事（史）与诗相结合的方式，则是得益于《韩诗外传》。而《韩诗外传》将事（史）与诗结合起来的表达方式，① 用故事说《诗》的解经方式，对《列女传》的体例产生了直接的影响。

将事（史）与诗结合或论（理）与诗结合包含一个问题，是以事说诗，还是以诗明事（理）。《荀子》表现为引诗明理，意不在说《诗》。对《韩诗外传》，前人有两种意见。《汉书·儒林传》："婴推诗人之意，而作《内外传》数万言。"②余嘉锡持相同观点，认为"韩婴之传，本为释经"③。另一种意见认为《韩诗外传》乃引诗以明事。《四库全书总目》评曰："其书杂引古事古语，证

------

① 徐复观认为："《外传》中共引用《荀子》凡五十四次，其深受荀子影响，可无疑问。即《外传》表达的形式，除继承《春秋》以事明义的传统外，更将所述之事与《诗》结合起来，而成为事与诗的结合，实即史与诗互相证成的特殊形式，亦由《荀子》发展而来。"（徐复观：《两汉思想史》，第 3 卷，5 页）

② 《汉书》，第 88 卷，3613 页。

③ 余嘉锡说："又如《韩诗外传》、《新序》、《说苑》之类，述多于作，事广于言，乍观其体，颇类史书，细按其文，殊乖事实。牴牾莫保，讹谬滋多。良由韩婴之传，本为释经，更生之书，将以进御。故其采传记也，所以陈古以戒今；其采杂说也，所以断章而取义。"（余嘉锡：《古书通例》，87 页）

以诗词。与经义不相比附，故曰：'外传'。"①《四库全书总目》在《韩诗外传十卷》所加案语中，还引述明代王世贞的看法，曰："王世贞称《外传》引诗以证事，非引事以明《诗》，其说至确。"②笔者赞成前一种观点。《韩诗外传》尽管我们现在看起来是"引《诗》以明事"，故事与经义"不相比附"，但撰述之初衷，当是如班固所云"推诗人之意"，是用事说经，这与《韩非子·喻老》是一样的，用生动形象的故事阐明经义。不过，《列女传》并不是意在用故事阐明经义。尽管《列女传》在形式上事与诗的结合继承了《韩诗外传》，但《列女传》之引诗，却是以《诗》明事，刘向并不是要用众多贤杰女子的事迹来阐述《诗》义，只是用《诗》来证事，用《诗》阐明事件蕴涵的意义。这点倒与《荀子》引《诗》说理相近。

《列女传》具有人物类传的性质。这种人物类传的编撰体例，刘向并不是发凡起例者。《史记》的《游侠列传》《滑稽列传》《日者列传》《龟策列传》《刺客列传》《循吏列传》《酷吏列传》诸传，将同类人合为一传，而且不像《老子申韩列传》《屈原贾生列传》等以人名命名，而是以某类人的共性（职业特征、行为特征、品德特征）命名。对照《列女传》以人物品德的题名，母仪传、贤明传等，二者之间的源流关系不言而喻。而且，《列女传》多有在人物故事后加"君子曰（谓）"的评论，这与《左传》的"君子曰"是一脉相承的。

刘向遍校群书，现存的书录还有《战国策书录》《管子书录》《晏子书录》《孙卿书录》《韩非子书录》《列子书录》《邓析书录》《关尹子书录》《子华子书录》数种。因此，刘向《说苑》三书不仅在取材上广采诸子史传杂说，还在体例上因袭、融会诸家特点，从《新序》《说苑》到《列女传》，清晰地体现出这位大学者

---

① 《钦定四库全书总目》（整理本），第16卷，214页。
② 《钦定四库全书总目》（整理本），第16卷，214页。

在体例上杂取百家而自成一体的发展过程。在刘向三书这里，文体来源的多源性表现得非常鲜明，记叙与议论的分分合合也颇耐人寻味。《新序》后五卷有主题，但没有议论框架，《说苑》则不仅有主题，还在每个主题下有明确的议论框架，只有《君道》卷除外，《列女传》形式更加严整，每章都由记（故事）、论（君子曰，《诗》云）、颂三部分组成，记传的特征更加明确。

《汉书·艺文志》《隋书·经籍志》和《四库全书总目》都把《说苑》和《新序》录入诸子类儒家，只有《宋史·艺文志》将它们列入子部杂家。对《列女传》《汉志》列入诸子儒家，《隋志》《总目》和《宋志》列入史部杂传类。对三书的性质归属，后代学者也意见不一。① 这也说明由于文体来源具有多源性，三书文体兼具子部与史部，即论与记双重特征，因而侧重点不同归类也就不同。班固看重刘向以意主事，因此将三书都划归诸子。《隋志》《总目》和《宋志》，看重的则是《列女传》的史部特征。

第三节　以事言理的思想表达方式考源

刘向出于同一原因和目的而编撰《说苑》三书。《汉书·楚元王传附刘向传》："向睹俗弥奢淫，而赵、卫之属起微贱，逾

---

① 章学诚认为《说苑》三书不当入诸子儒家。他在《文史通义·校雠通义》中说："按《说苑》、《新序》，杂举春秋时事，当互见于《春秋》之篇。……惟《列女传》，本采《诗》、《书》所载妇德可垂法戒之事，以之讽谏宫闱，则是史家传记之书；而《汉志》未有传记专门，亦当附次《春秋》之后可矣。至其引风缀雅，托兴六义，又与《韩诗外传》相为出入，则互注于《诗经》部次，庶几相合；总非诸子儒家书也。"（章学诚著、叶瑛校注：《文史通义校注》，1039页，北京，中华书局，1994）余嘉锡认为，《说苑》三书"皆非向所创造，特虽采自古书，而能自以义法部勒之，故得为一家之言"。（余嘉锡：《古书通例》，69页）

礼制。向以为王教由内及外，自近者始。故采取《诗》、《书》所载贤妃贞妇，兴国显家可法则，及孽嬖乱亡者，序次为《列女传》，凡八篇，以戒天子。及采传记行事，著《新序》、《说苑》凡五十篇奏之。数上疏言得失，陈法戒。书数十上，以助观览，补遗阙。"①在自上而下风行奢淫的情况下，刘向编撰三书。他把这三部书当成谏议的奏章，希望能够起到规范君主及后妃行为的作用。也就是说，刘向在明确的思想之驱动下，才裁制、整理旧章杂闻，按照"以类相从"（《说苑序奏》）的编排原则，把散见于子史各家的言论行事、历史逸闻组织在不同的主题之下。在著述之初，他已经有确切的目的，最终的文本也大多每卷有鲜明的主题。而且，不仅用议论性文字阐明观点，还缀以大量轶事、寓言。这种意在事先、以事言理的表达方式，不仅可以从先秦诸子或者《春秋》那里找到源头，② 还可以上溯得更早。《周易》就已经奠定了这样一种表达思想的方式。

《周易》中有些卦的六条爻辞所述事件围绕一个话题，具有连续性，组成一个完整的寓言故事，阐释哲理。《乾》《大壮》《明夷》《贲》《睽》《困》《渐》《旅》诸卦都是如此。以《乾》卦为例。

---

① 《汉书》，第 36 卷，1957～1958 页。

② 董仲舒《春秋繁露·俞序》云："孔子曰：'吾因其行事，而加乎王心焉。以为见之空言，不如行事博深切明。'"（苏舆撰，钟哲点校：《春秋繁露义证》，159 页）司马迁《史记·自序》云："董生曰：'……孔子知言之不用，道之不行也，是非二百四十二年之中，以为天下仪表。贬天子，退诸侯，讨大夫，以达王事而已矣。'子曰：'我欲载之空言，不如见之于行事之深切著明也。'"（《史记》，第 130 卷，3297 页）余嘉锡《古书通例·古书多造故事》："若夫诸子短书，百家杂说，皆以立意为宗，不以叙事为主；意主于达，故譬喻以致其思；事为之宾，故附会以圆其说；本出荒唐，难与庄论。惟儒者著书，较为矜慎耳。"（余嘉锡：《古书通例》，77 页）

乾　元亨利贞。

初九　潜龙勿用。

九二　见龙在田，利见大人。

九三　君子终日乾乾，夕惕若。厉，无咎。

九四　或跃在渊，无咎。

九五　飞龙在天，利见大人。

上九　亢龙有悔。

用九　见群龙无首，吉。①

全卦六条爻辞形象地描述了龙由潜隐、出现、入渊、飞腾至亢而有悔的全部运动过程，以龙喻君子，昭示了应当及时进取，进取过程中不可有一丝松懈，进退当知时、物极则反的人生哲理。虽然每条爻辞都很短，但都围绕着龙展开记叙，展示龙的动作变化，构成简单的具有连贯性的情节，表达乾元刚健的精神。对龙的行为变化及其在不同情境中的心理状态的描述，构成了一则简单却很完整的寓言故事。其他几卦也具有同样的特点。

《周易》寓言卦的编撰过程，不是先有故事，后有哲理，而是先有对人生诸种情境的哲理思考，而后才用寓言故事的形式将它表现出来，并赋予不同主题，即意在事先并以事说理。不仅《周易》如此，先秦诸子寓言也是如此②。

《周易》中有些卦围绕一个主题，但六条爻辞并不以同一个事物为叙述对象，而是分述不同的事情，用不同的多个事象组成一卦，完成说理。《履》《泰》《否》《谦》《豫》《观》《大过》《遁》诸

---

① 《周易正义》，见（清）阮元校刻：《十三经注疏》，13～14页。

② 崔大华说："所以在《庄子》中，一个清晰的理性观念，一个哲学思想并不是随着一个寓言而产生，而是在一个寓言之外、之前就存在了的，它只是在寓言中又获得了一次形象的显现、证明。"（崔大华：《庄学研究》，312～313页，北京，人民出版社，1992）

卦都是如此。

泰　小往大来，吉亨。

初九　拔茅茹，以其汇，征吉。

九二　包荒，用冯河，不遐遗。朋亡，得尚于中行。

九三　无平不陂，无往不复，艰贞无咎。勿恤其孚，于食有福。

六四　翩翩。不富以其邻，不戒以孚。

六五　帝乙归妹，以祉元吉。

上六　城复于隍，勿用师，自邑告命，贞吝。①

这卦卦辞说明泰的含义——小的去了大的会来，吉利，亨通。爻辞运用了诸多事象具体描述各种属于泰的情境：按种类拔茜草；用大空葫芦（系在腰上）渡河，不会溺水；钱丢了，半路得到补偿；不必担忧他的诚信，在食物方面会有福气；像鸟那样飞，因为邻居掠夺而不富有，因为信任而不加戒备；帝乙嫁女；城墙倒塌在干城壕里，不出兵。九三爻辞"无平不陂，无往不复，艰贞无咎"是哲理性警句。没有平坦就无所谓倾斜，没有外出就无所谓回来。占问艰难事情的，没有灾害。②《说苑》卷首以一章议论阐明中心，卷中以事为主，但也杂有议论性语段的表达思想的方式及结构形态，与这种类型的卦爻辞十分相近。

章学诚曾指出"古人未尝离事而言理也"③，还阐述了《易》与《诗》及战国文章的关联。他说："《易》象虽包六艺，与《诗》之比兴，尤为表里。……然战国之文，深于比兴，即其深于取象者也。《庄》《列》之寓言也，则触蛮可以立国，蕉鹿可以听

---

①　《周易正义》，见（清）阮元校刻：《十三经注疏》，28页。

②　此卦译文主要参考周振甫译注：《周易译注》，47～48页，北京，中华书局，1991。

③　章学诚著、叶瑛校注：《文史通义校注·易教上》，1页。

讼。······故人心营构之象，有吉有凶；宜察天地自然之象，而
衷之以理，此《易》教之所以范天下也。"①他清楚地指出了以事
言理、意在事先的思维方式，《周易》实发其源。虽然不能确切
地论断刘向是受到《周易》的影响，才采取了意在事先、以事说
理的思想表达方式，并采取了先议后记、以记为主、间有议论
的文本结构形态，但是这种说理方法最早的表现是在占卜性质
的《周易》当中，却是不争的事实。

　　关于我国叙事文体与诸子及史传的密切关系，前贤所论甚
多。通过考察刘向三书及其渊源，可以得到另外一条叙事文体
发展的脉络，即在议论文中包蕴着叙事文的因素，叙事文渐渐
脱离了议论文的外在框架，从议论文中独立出来。先秦诸子本
以议论为主，到《晏子春秋》就变成以事为主了，从书名上看，
就具有子部和史部的双重特征。刘向三书承袭了这种演变方
向，具有典型性，客观上起到催化叙事文体独立的作用。换句
话说，议论与叙事二者既有其各自的发展演变的轨迹，同时，
在发展过程中，二者又时合时分。从议论文框架中逐渐独立出
来的记叙章节，应该也是叙事文体发展的一条线索。

---

　　① 章学诚著、叶瑛校注：《文史通义校注·易教下》，19页。

第十章
文体的分合交叉
——以蔡邕碑文为例

东汉末年文学家蔡邕，存作一百零四篇，以碑命名文章的近五十篇，占全部作品的一半。在所有汉代作家中，他的碑文不仅篇数最多，而且写得也最好。关于蔡邕为什么会创作这么多碑文，学术界已经从多方面进行了分析。比如后汉私谥的兴起，会葬及人物品藻风气等因素，都是促成碑文在汉代极盛的重要原因。这些分析是从横向入手的，做的是断代研究，颇能中其肯綮，发人深思。这里想从纵向入手，分析碑文的渊源与诔铭的关系，探讨文体嬗变过程中的几个现象，如文体的交叉渗透，文体的复始倾向，旧有文体中分化出新的种类从而命以新名等。

第一节　碑文的兴起及体制特征

碑这种文体，《文心雕龙·诔碑》溯其源云："上古帝王，纪号封禅，树石埤岳，故曰碑也。周穆纪迹于弇山之石，亦古碑之意也。"①姚鼐《古文辞类纂序目》云："碑志类者，其体本于《诗》，歌颂功德，其用施于金石。周之时有石

---

① 范文澜：《文心雕龙注》，214页。

鼓刻文,秦刻石于巡狩所经过,汉人作碑文,又加以序。序之体,盖秦刻琅邪具之矣。"①两说不同,各有道理。不过,一种文体名称的确立,从名实相符角度考察,当看何时有确切的名称。翻检《史记》《汉书》和《后汉书》三部书,《史记》和《汉书》正文中,没有一个碑字。秦始皇巡狩时,李斯所作颂其功德的六篇大文,司马迁称为刻石,并不称碑。直到《后汉书》才多次明确记载文人著述的文体种类及篇数,计有十四人曾作碑文②。如此看来,在坟墓外立石碑并作文铭刻其上以颂德的风习,当

---

① (清)姚鼐纂集、胡士明、李祚唐标校:《古文辞类纂》,11页,上海,上海古籍出版社,1998。

② 《后汉书·桓荣传附郁曾孙彬传》:"(桓麟)所著碑、诔、赞、说、书凡二十一篇。"案:"挚虞《文章志》,麟文见在者十八篇,有碑九首,诔七首,《七说》一首,《沛相郭府君书》一首。"(《后汉书》,第37卷,1260页)《崔骃传附子瑗传》:"瑗高于文辞,尤善为书、记、箴、铭,所著赋、碑、铭、箴、颂、《七苏》、《南阳文学官志》、《叹辞》、《移社文》、《悔祈》、《草书势》、七言,凡五十七篇。"(《后汉书》,第52卷,1724页)《崔骃传附孙寔传》:"所著碑、论、箴、铭、答、七言、祠、文、表、记、书,凡十五篇。"(《后汉书》,第52卷,1731页)《杨震传附玄孙修传》:"修所著赋、颂、碑、赞、诗、哀辞、表、记、书凡十五篇。"(《后汉书》,第54卷,1790页)《马融传》:"所著赋、颂、碑、诔、书、记、表、奏、七言、琴歌、对策、遗令,凡二十一篇。"(《后汉书》,第60卷上,1972页)《蔡邕传》:"所著诗、赋、碑、诔、铭、赞、连珠、箴、吊、论议、《独断》、《劝学》、《释诲》、《叙乐》、《女训》、《篆势》、祝文、章表、书记,凡百四篇,传于世。"(《后汉书》,第60卷下,2007页)《卢植传》:"所著碑、诔、表、记凡六篇。"(《后汉书》,第65卷,2137页)《皇甫规传》:"所著赋、铭、碑、赞、祷文、吊、章表、教令、书、檄、笺记,凡二十七篇。"(《后汉书》,第65卷,2137页)《儒林传下·服虔传》:"所著赋、碑、诔、书记、《连珠》、《九愤》,凡十余篇。"(《后汉书》,第80卷上,2618页)《文苑传上·葛龚传》:"著文、赋、碑、诔、书记凡十二篇。"《文苑传上·边韶传》:"著诗、颂、碑、铭、书、策凡十五篇。"(《后汉书》,第80卷上,2624页)《文苑传下·张升传》:"著赋、诔、颂、碑、书,凡六十篇。"(《后汉书》,第80卷下,2628页)《文苑传下·张超传》:"著赋、颂、碑文、荐、檄、笺、书、谒文、嘲,凡十九篇。"(《后汉书》,第80卷下,2652页)

自东汉兴起。清代刘宝楠《汉石例》（卷一）云："纪功德亦以石，但不名碑，故《史记·封禅书》引《管子》、《秦始皇本纪》并云刻石，不言立碑。墓用石名碑。与刻石纪功德名碑皆始于汉。"①

但是，周秦时代并非没有碑之名，只不过用途不同于东汉。赵翼《陔余丛考》"碑表"条引孙宗鉴《东皋杂录》云："周秦皆以碑悬棺，或木或石，既葬，碑留圹中，不复出矣。后稍书姓名爵里于其上，后汉遂作文字。"②可见，东汉之前，虽有碑，但并不树于墓外，而是埋于地中，文字也极简略。书刻姓名爵里于碑上，是碑文的原始形态，非常简单。

周秦时代还有于石棺上铭文的，虽然为数极少，但也有创例的意义，如《史记·秦本纪》："周武王之伐纣，并杀恶来。是时蜚廉为纣石北方，还，无所报，为坛霍太山而报，得石棺，铭曰：'帝令处父，不与殷乱，赐尔石棺以华氏。'死，遂葬于霍太山。"③《庄子·则阳》："夫灵公也死，卜葬于故墓不吉，卜葬于沙丘而吉。掘之数仞，得石椁焉，洗而视之，有铭焉，曰：'不冯其子，灵公夺而里之。'"④由这两例大概可以推断，早在商末周初，至迟在战国时代，已经产生了石质棺椁铭文。《全上古三代文》卷十四辑录的《闾里石椁铭》和《孔子圹壁

①　转引自詹锳：《文心雕龙义证》，446 页，上海，上海古籍出版社，1989。

②　（清）赵翼：《陔余丛考》，681 页，北京，中华书局，1963。

③　《史记》，第 5 卷，174～175 页。

④　（清）王先谦：《庄子集解》，见《诸子集成》，第三册，173 页。

刊文》也属此类。① 这种石棺铭文带有预言的性质，属于谶语。它们是对一个人德行的论断，尽管是以谶语的形式。

东汉以前，碑文的主要意义有两个：一是标示墓主姓名、籍贯、官职；二是对人盖棺论定。东汉的碑文也有这两方面的内容。首述一人的姓名、籍贯、世系，如果是官员，则述其升沉，并评述其德性、作为，如桓麟的《太尉刘宽碑》："公讳宽，字文饶，弘农华阴人也。其先⋯⋯公托受纯和之气体，有乐道宁俭之性，疾雕饰，尚朴素，轻荣利，重谦让。⋯⋯大将军以礼协命，举高第，拜侍御史，迁梁令。⋯⋯"②其他人的碑文大多如此，很少有例外，形成固定的体例。

然而，东汉的碑不像周秦碑一样埋在地中，而是树于墓外。而且，并不像石棺铭文那样，多是对恶人的谶语，没有任何对墓主之德称赞的语言，东汉碑文一个非常鲜明的特征是树碑以颂德。《后汉书》多次说明树碑的目的是颂德。③ 没有树碑

---

① 《闾里石椁铭》："四体不勤，熟为作，生不遭遇长附讬。赖得二人发吾宅。"（《太平御览》五百九十卷，引《博物志》）《孔子圹壁刊文》："秦始皇，何僵梁。开吾户，据吾床。饮吾酒，唾吾浆。飧吾下，以为粮，张吾弓，射东墙，前至沙丘，当灭亡。"（《异苑》，严可均案：孔子遗谶及《春秋演孔图》与此略同）（严可均：《全上古三代秦汉六朝文》，第14卷，100页，北京，中华书局，1958）

② （清）严可均校辑：《全后汉文》，第27卷，624页。

③ 《后汉书·窦融传附玄孙章传》："贵人早卒，帝追思之无已，诏史官树碑颂德，章自为之辞。"（《后汉书》，第23卷，822页）《桓彬传》："（桓彬）所著《七说》及书凡三篇，蔡邕等共论序其志，金以为彬有过人者四：⋯⋯乃共树碑而颂焉。"（《后汉书》，第36卷，1261页）《崔骃传附孙寔传》："（崔寔）家徒四壁立，无以殡敛，光禄勋杨赐、太仆袁逢、少府段颎为备棺椁葬具，大鸿胪袁隗树碑颂德。"（《后汉书》，第52卷，1731页）《韩韶传》："同郡李膺、陈寔、杜密、荀淑等为立碑颂焉。"（《后汉书》，第62卷，2063页）

颂德字样的，从传中所叙也能看出立碑的目的是称扬墓主。像
《陈寔传》《郭泰传》，传中只言同志之士为他们刊石立碑，并未
确言颂德，可这两个人都是为人称颂的名士，蔡邕为它们所作
的碑文也意在颂赞。东汉的碑文确切表达树碑意在颂德的，所
在多有。树碑之意在于颂德，是东汉碑文通例。这种树石碑于
墓外、以颂德为目的的体例，是简朴形态的原始碑文与石棺铭
文所不具备的，那么，这个特征是如何形成的？

这就需要上溯到另一种文体。

第二节　碑文与铭诔的分合交叉

碑文主颂的功能来源于铭文。于金石上刻写祝颂之辞的做
法，是商周时代就存在的。铭文的历史非常久远，传说黄帝时
已作有器物铭文，只是不足征信。现在见到的多是商周铜器及
其他器具上的铭文。从用韵、功用角度看，铭文大体可分为两
种类型。一是散文体的，多用于祝颂；二是韵文体的，多用于
鉴戒。商代以散文体居多，周代以韵文居多。商代的铭文字数
很少，大多只是刻铸族氏及祖先名字，考古学家曾发现在同一
个墓葬中几个铜器上刻着同样的字。至周，铭文内容日益丰
富，君主诰命、功伐、勋业都有铭刻，用散体的形式颂赞先
人。如《虢叔大夹钟铭》（《全上古三代文》卷十二）就是虢叔称颂
其皇考功德的铭文。春秋时孔悝的《鼎铭》（《全上古三代文》卷
三）也意在褒显先世。

对铭的颂扬功用，春秋时代的臧武仲就做了明确阐释。
《左传·襄公十九年》载，季武子用得之于齐国的兵器作林钟而
铭鲁功焉。臧武仲谓季孙曰："夫铭，天子令德，诸侯言时计
功，大夫称伐。……且夫大伐小，取其所得，以作彝器，铭其

功烈，以示子孙，昭明德而惩无礼也。"①其后，还有类似的论说。《礼记·祭统》："夫鼎有铭。铭者自名也，自名以称扬其先祖之美，而明著之后世者也。……铭者，论譔其先祖之有德善、功烈、勋劳、庆赏、声名，列于天下，而酌之祭器，自成其名焉，以祀其先祖者也。"②蔡邕《铭论》："钟鼎礼乐之器，昭德纪功，以示子孙。物不朽者，莫不朽于金石，故碑在宗庙两阶之间。近世以来，咸铭之于碑。"③

秦代李斯所作的泰山、会稽、琅邪等六篇刻石文，是以韵文的形式颂赞秦始皇的功业。由周代颂美某位先人，到秦代的臣子颂美皇帝，颂美的对象发生了变化，但是铭以颂功的作用却没有变。它们开启了东汉之碑颂美一人的体例。不同的是，李斯刻石文是活着的人选定他人为自己唱颂歌，而且每篇诗章主要针对某种功德；东汉碑文大多数是人死之后，他人主动地或受人之请为此人立碑撰文，是对人一生品德的评价。

东汉也有为生人写铭颂功的作品。《后汉书·窦宪传》载，大将军窦宪立下赫赫战功，请班固为己撰文颂功，并刻石于燕然山。班固铭文颂生人之功，并且只针对一事，这个特点与早期铭文一脉相承。周代《仲偶父鼎铭》："唯王五月，初吉丁亥，周白边止及中偶父伐南淮人，孚金，用乍宝鼎，其万年，子孙永宝用。"④春秋时卫大夫礼至《以灭邢功为铭》："余掖杀国子，莫余敢止。"⑤都是如此。

碑主颂虽源于铭，但是，碑却有其特定的情境。颂生人之

---

① 杨伯峻：《春秋左传注》(修订本)，第三册，1047 页。

② (汉)郑玄注、(唐)孔颖达等正义：《礼记正义》，见(清)阮元校刻：《十三经注疏》，1606 页。

③ (清)严可均校辑：《全后汉文》，第 74 卷，876 页。

④ (清)严可均校辑：《全上古三代文》，第 13 卷，94 页。

⑤ (清)严可均校辑：《全上古三代文》，第 3 卷，28 页。

功——主要针对一件事，与颂死者之德——针对一生，如果都称为铭的话，二者就混为一体了。如何区别二者？这就需要对新兴的颂扬死者之德、铭于碑上的文体命以新名。于是，因器取名，碑就由器物之名，转为文体之名。碑也就从铭这种文体中分离出来，成为一种新文体的名称，并形成独特的体例。正如刘勰所云"夫碑实铭器，铭实碑文，因器立名"①（《文心雕龙·诔碑》），碑是铭这种文体在特定时代风气下的特殊发展。同是刻在石上的文字，因所述的对象不同，于是有了碑与铭的区别。对李斯刻石文不称碑，对班固燕然山之文，因其述生人之德，人们亦不称碑，而是称之为《封燕然山铭》。可是，东汉末年，也有为生人树碑的。《后汉书·循吏传·童恢传附童翊传》："化有异政，吏人生为立碑。"②碑的意义此时又表现出向铭文的早期意义——纪生人之功、昭生人之德回归的倾向，但主颂的功用并没有发生变化。

蔡邕碑文创作数量极大，他也作有铭文。他的碑文是前序后铭的形式。序多为散文，铭则多是四言韵文。蔡邕因为常作碑文，因此，他写作铭文时，偶尔也运用了碑文常见的散韵结合的形式，《黄钺铭》就是如此。由此看来，碑文自铭文中分离、独立出来后，其体例又反过来影响了铭文。

铭刻于墓碑上的文字称为碑，而同为纪念死者但没有铭刻于碑上的文体在春秋时代就产生了。《礼记·檀弓上》记，鲁庄公及宋人战于乘丘，县贲父御，马惊败绩。"县贲父曰：'他日不败绩，而今败绩，是无勇也。'遂死之。圉人浴马，有流矢在白肉。公曰：'非其罪也！'遂诔之。士之有诔，自此始也。"③鲁庄公为表彰县贲父而作诔，诔文的具体内容现在虽然看不

---

① 范文澜：《文心雕龙注》，214 页。
② 《后汉书》，第 76 卷，2482 页。
③ 《礼记正义》，见（清）阮元校刻：《十三经注疏》，1277 页。

到，但诔这种文体产生之初，是出于表达对死者的肯定及哀悼之情当是没有疑问的。

现在能看到的最早的诔文，是鲁哀公诔孔丘。《左传·哀公十六年》载："夏四月已丑，孔丘卒。公诔之曰：'旻天不吊，不憗遗一老，俾屏余一人以在位，茕茕余在疚。呜呼哀哉尼父！无自律。'"①《礼记·檀弓》："鲁哀公诔孔丘曰：'天不遗耆老，莫相予位焉。呜呼哀哉！尼父。'"②二文有所不同。不过两种版本的诔文都并不及于孔子德行，只述鲁哀公的伤悼之情。由此可以推断，诔文最初的功能是用以抒情的，正如曹植《卞太后诔》表文所云："铭以述德，诔尚及哀。"③陆机《文赋》亦曰："碑披文以相质，诔缠绵而凄怆。"④碑与诔二者在功用上有所区别：碑更侧重于评述德行，而诔以抒发哀伤为主。

在后来的发展中，尤其在东汉，诔本主述哀的情况发生了变化，有些诔文也述德行，除了不铭刻于碑外，仅从文章内容上看，与碑没有什么区别。而碑也不仅仅限于述德，还夹进了述哀的成分。如张衡《司徒吕公诔》《司空陈公诔》《大司农鲍德诔》三篇诔文。它们都是四言韵文，都述三人祖先之德及三人本身之德。《吕公诔》述吕公之德曰："绰兮其宽，皦兮其清，既明且哲，式保令名。"结尾点了一笔伤吊之情。辞云："去此宁寓，归于幽堂。玄室冥冥，修夜弥长。"⑤《陈公诔》可能因为所存并非全文，就连这点伤悼之笔也没有。《鲍德诔》述哀之辞略多，云："既厌帝心，将处台辅。命有不永，时不我与。天

---

① 杨伯峻：《春秋左传注》（修订本），第四册，1698 页。

② 《礼记正义》，见（清）阮元校刻：《十三经注疏》，1294 页。

③ （魏）曹植著、赵幼文校注：《曹植集校注》，第 3 卷，417 页，北京，人民文学出版社，1998。

④ 《文选》，第 17 卷，766 页。

⑤ （清）严可均校辑：《全后汉文》，第 55 卷，776 页。

实为之，孰其能御。股肱或毁，何痛如之。国丧遗爱，如何无思。"①表达了深切的遗憾、无奈、痛惜及思念之情。综观全文，抒情的比重占到五分之一左右，与原创阶段的纯为抒情之文大不相同。蔡邕的《济北相崔君夫人诔》陈哀之辞较多，与述德之文平分秋色，各占一半篇幅。

碑文则述德之余，又增述哀之笔。这类作品并不少见。蔡邕的《太傅胡广碑》(维汉二十有一世)，浓墨重彩地评述了胡广之德，结尾曰："进睹坟茔，几筵空设。退顾堂庑，音仪永阙。感悼伤怀，心肝若割。"②蔡邕非常敬慕他的老师胡广，为胡广共写了三篇碑文。引的这几句写其进退所见，人亡物在，生死永隔，其感悼之情表达得十分真切、深沉，也很感人。而且，蔡邕还明确说："相与累次德行，撰举功勋，刊之于碑，用慰哀思。"③这实际上指出碑的两个功用——述死者之德，慰生者之思。而表生者之情，并不是碑初始阶段就担负的使命，这本是诔应负的责任。碑与诔本来各司其职，可是发展过程中，在东汉特殊的社会风习下，二者相互间有所渗透与交叉，结果是碑与诔这两种文体的界限变得模糊了。

第三节　蔡邕的修史情结与其碑文创作

东汉兴起碑这种文体，与当时品藻人物、私谥及会葬的风气有关。前贤对此所论甚详。这些都属于外部原因。就创作主体而言，如果没有蔡邕，东汉的碑文创作一定大为逊色，甚至可以断言，一定不会像今天这样引人注意。蔡邕之所以创作大量碑文，与他既是书法家又是文学家有关，与他交游广有关，

---

① (清)严可均校辑：《全后汉文》，第 55 卷，776 页。
② (清)严可均校辑：《全后汉文》，第 76 卷，886 页。
③ 同上。

更与他的修史情结有关。

蔡邕诗文甚多，文章的体裁也多，但他最看重、最想著述的是史书。《后汉书·蔡邕传》："邕前在东观，与卢植、韩说等撰补《后汉记》，会遭事流离，不及得成，因上书自陈，奏其所著十意，分别首目，连置章左。"①注引《蔡邕别传》载其上书云：

臣既到徙所，乘塞守烽，职在候望，忧怖焦灼，无心能复操笔成草，致章阙廷。诚知圣朝不责臣谢，但怀愚心有所不竟。臣自在布衣，常以为《汉书》十志下尽王莽而止，光武已来唯记纪传，无续志者。臣所事师故太傅胡广，知臣颇识其门户，略以所有旧事与臣。虽未备悉，粗见首尾，积累思惟，二十余年。不在其位，非外史庶人所得擅述。天诱其衷，得备著作郎，建言十志皆当撰录。会臣被罪，逐放边野，恐所怀随躯朽腐，抱恨黄泉，遂不设施，谨先颠踣，科条诸志，臣欲删定者一，所当接续者四，《前志》所无臣欲著者五，及经典群书所宜捃摭，本奏诏书所当依据，分别首目，并书章左，惟陛下留神省察。臣谨因临戎长霍圉封上。有《律历意》第一，《礼意》第二，《乐意》第三，《郊祀意》第四，《天文意》第五，《车服意》第六。②

蔡邕积思二十余年，念念不忘续成汉志。即使皇帝并不责怪，他也仍然觉得"愚心有所不竟"。续修汉史，并不是外在的加于其身的任务，而是蔡邕自觉的使命。他对此怀有无比的热忱，视为一生事业所在。董卓死后，蔡邕在王允面前流露出叹息之意，结果王允要将他收付廷尉治罪。大难临头，蔡邕最想做的仍然是修史。《后汉书》本传记云："邕陈辞谢，乞黥首刖

---

① 《后汉书》，第60卷下，2003页。
② 《后汉书》，第60卷下，2004页。

足，继成汉史。"①甚至不惜以尊严为代价，宁可忍辱苟活以完成汉史。可见，蔡邕对于修史怀有多么强烈的意愿，已经形成情结。他完成的有十意和《灵帝纪》，还补诸列传四十二篇。这些作品"因李傕之乱，湮没多不存"，"其撰集汉事，未见录以继后史"②是多么遗憾的事！

蔡邕具有修史之才，文学方面又是一位旷世逸才。就是这样一位学者、诗人、书法家、文学家，没能完成修史的愿望，留给世人的却是他自谓有惭德的大量碑文。这怎能不让人感慨命运弄人。尽管事与愿违，蔡邕存留的碑文与他最钟爱的史书却存在密切联系。刘勰认为："夫属碑之体，资乎史才，其序则传，其文则铭。""自后汉以来，碑碣云起，才锋所断，莫高蔡邕。"（《文心雕龙·诔碑》）③也就是说，创作碑文的作家，当具备作史传之才。刘勰对蔡邕碑文的极高评价以及他对碑体制的解说，都更让人仔细思考蔡邕修史情结、史才与其碑文的关系。

虽云碑文"资乎史才"，但碑与史传毕竟是两种文体。对此，刘师培曾有精辟论断。其辞云："'其序则传'——碑前之序虽与传状相近，而实为二体，不可混同。盖碑序所叙生平，以形容为主，不宜据事直书。……试观蔡中郎之《郭有道碑》，岂能与《后汉书·郭泰传》易位耶？"④要之，碑文是对一个人的盖棺论定，虽也兼及叙事，但运用的是概括式的评述语调，而不是像史传文那样的纪传体。古代有人从蔡邕所作碑文推测其所作纪传，当尽是阿谀之辞。蔡邕碑文是否谀墓，这里且不去说，这种思路本身其实就是有问题的，因为史传与碑并不相

---

① 《后汉书》，第 60 卷下，2006 页。
② 《后汉书》，第 60 卷下，2007 页。
③ 范文澜：《文心雕龙注》，214 页。
④ 刘师培讲、罗常培记录：《左庵文论》，转引自詹锳：《文心雕龙义证》，457 页。

同。碑本主颂，而史尚实录，二者天然存在着矛盾。虽然曹丕《典论·论文》云"铭诔尚实"①，但《礼记·祭统》论铭，认为铭当颂先祖，"为先祖者，莫不有美焉，莫不有恶焉。铭之义，称美而不称恶，此孝子孝孙之心也。唯贤者能之"②。如何处理实与颂的关系，是碑与生俱来的尴尬。笔者认为，蔡邕在这方面做得很好，遗憾的是蔡邕所补四十二篇列传已亡佚，其史传文究竟有何特点，无从窥知。

　　将蔡邕碑文与《后汉书》史传对照，可以看出碑与史传不同的写法。蔡邕虽也叙人物升迁任职之事，但他碑文写人，关注的是人物精神风貌，并不涉及人物的外在形象。史书则不同。《后汉书》中对于人物外在形象的书写并不罕见。所谓人物品评，品评的不只是精神层面的德，还包括外在的形体、气质、谈吐、风度，如《马融传》记马融曰："为人美辞貌，有俊才。"③《荀淑传附悦传》记荀悦曰："性沉静，美姿容。"④《卢植传》记卢植曰："身长八尺二寸，音声如钟。"⑤《郭泰传》记郭泰曰："善谈论，美音制"，"身长八尺，容貌魁伟"。⑥《文苑传》记赵壹曰："体貌魁梧，身长九尺，美须豪眉，望之甚伟。"⑦

　　蔡邕碑文除概述人物品德行事外，还有很多极有文采的形容、比喻。例如那篇著名的《郭泰碑》形容郭泰器量，曰："夫其器量弘深，姿度广大，浩浩焉，汪汪焉，奥乎不可测已。"形容天下之士宗仰郭泰，曰："于时缨緌之徒，绅佩之士，望形

①　《文选》，第52卷，2271页。

②　《礼记正义》，见（清）阮元校刻：《十三经注疏》，1606页。

③　《后汉书》，第60卷上，1953页。

④　《后汉书》，第62卷，2058页。

⑤　《后汉书》，第64卷，2113页。

⑥　《后汉书》，第68卷，2225页。

⑦　《后汉书》，第70卷下，2628页。

表而影附，聆嘉声而响和者，犹百川之归巨海，鳞介之宗龟龙也。"形容郭泰超然物外，曰："将蹈鸿涯之遐迹，绍巢许之绝轨；翔区外以舒翼，超天衢以高峙。"①此文多用骈俪句式，文采飞扬，极富文学色彩。《荆州刺史度尚碑》则全用骈俪句式，实是一篇骈文。《童幼胡根碑》则以楚辞体书写哀思，抒情意味很浓。《太傅胡广碑》(公讳广)写胡广为官，辞句颇雅。总之，蔡邕是以文学之笔勾画碑主一生行迹及神采，如刘勰在《文心雕龙·诔碑》中所论"其叙事也该而要，其缀采也雅而泽；清词转而不穷，巧义出而卓立；察其为才，自然而至。"②蔡邕碑文是实用与审美的结合。

钱穆说："中国文学之亲附人生，妙会实事，又可从其文体之繁变徵之。⋯⋯大凡文体之变，莫不以应一时之用，特为一种境界与情意而产生。"③碑这种文体的产生就是如此。诔的产生具有偶然性。从《礼记·檀弓上》所记鲁庄公诔县贲父事上看，如果那匹马没有中流矢，县贲父没有战死，鲁庄公就不会做诔。事情出于突发，正是由于这个突发事件才牵引出一种文体，这也是文体家族的意外收获。碑从铭中分化出来，后来碑的体制特点又影响了铭文体制，这是一种分与合；碑与诔本不同，碑产生在后，在东汉，本是述哀的诔也兼有了碑的述德品格，而碑也兼有了诔述哀的特点，这是合；魏晋以后，诔又专主述哀思，主抒情，与辞赋哀文为邻，碑与诔又界限分明起来，这又是分。在这分分合合中，诔铭表现出一种复始倾向。这几种文体交叉渗透的同时，还要保持自己的独立性、特殊性，这种文体个性的内在要求和文体兼容的弹性，驱动着文体之间的互相交叉渗透，分分合合。

---

① 《郭泰碑》原文引自《文选》，第58卷，2501~2502页。
② 范文澜：《文心雕龙注》，214页。
③ 钱穆：《中国文学讲演集》，17页，成都，巴蜀书社，1987。

主要参考书目

B

（汉）班固撰，（唐）颜师古注．汉书．北京：中华书局，1962

C

陈鼓应．庄子今注今译．北京：中华书局，1983

陈梦家．尚书通论（外二种）．石家庄：河北教育出版社，2000

陈奇猷．韩非子集释．上海：上海人民出版社，1974

陈奇猷．吕氏春秋校释．上海：学林出版社，1984

陈柱．中国散文史．北京：商务印书馆，1998

（明）程荣．汉魏丛书．长春：吉林大学出版社，1992

褚斌杰．中国古代文体概论（增订本）．北京：北京大学出版社，1990

褚斌杰、谭家健主编．先秦文学史．北京：人民文学出版社，1998

崔大华．庄学研究．北京：人民文学出版社，1992

D

邓红．董仲舒的春秋公羊学．北京：中国工人出版社，2001

董芬芬．春秋辞令的文体研究（博士学位论文）．西北师范大学，2006

董治安. 先秦文献与先秦文学. 济南：齐鲁书社，1994

董治安主编. 两汉全书. 济南：山东大学出版社，1999

（汉）董仲舒著、袁长江等校注. 董仲舒集. 北京：学苑出版社，2003

F

（南朝宋）范晔撰，（唐）李贤等注. 后汉书. 北京：中华书局，1965

费振刚等辑校. 全汉赋. 北京：北京大学出版社，1993

傅刚. 昭明文选研究. 北京：中国社会科学出版社，2000

傅修延. 先秦叙事研究. 北京：东方出版社，1999

G

高亨. 周易杂论. 济南：齐鲁书社，1979

高亨. 周易大传今注. 济南：齐鲁书社，1979

高亨. 周易古经今注（重订本）. 北京：中华书局，1984

龚鹏程. 汉代思潮. 北京：商务印书馆，2005

顾颉刚编著. 古史辨（第三册）. 上海：上海古籍出版社，1982

（清）顾炎武著，（清）黄汝成集释，秦克诚点校. 日知录集释. 长沙：岳麓书社，1994

郭杰、李炳海、张庆利. 先秦诗歌史论. 长春：吉林教育出版社，1995

郭沫若. 中国古代社会研究. 北京：人民出版社，1964

（清）郭庆藩. 庄子集释. 北京：中华书局，1961

郭绍虞. 照隅室古典文学论集. 上海：上海古籍出版社，1983

郭英德. 中国古代文体学论稿. 北京：北京大学出版社，2005

郭英德、谢思炜、尚学锋、于翠玲. 中国古典文学研究史. 北京：中华书局，1995

郭预衡. 中国散文史. 上海：上海古籍出版社，2000

国学整理社. 诸子集成（全八册）. 北京：中华书局，1954

H

胡念贻. 中国古代文学论稿. 上海：上海古籍出版社，1987

[美]华莱士·马丁著，伍晓明译. 当代叙事学. 北京：北京大学出版社，1990

黄怀信、张懋、田旭东撰，李学勤审定. 逸周书汇校集注. 上海：上海古籍出版社，1995

黄瑞云. 老子本原. 北京：人民文学出版社，1995

黄寿祺、张善文. 周易译注. 上海：上海古籍出版社，1989

黄寿祺. 群经要略. 上海：华东师范大学出版社，2000

（汉）韩婴撰，许维遹校释. 韩诗外传集释. 北京：中华书局，1980

J

姜广辉主编. 中国经学思想史（第二卷）. 北京：中国社会科学出版社，2003

江灏、钱宗武译注，周秉钧审校. 今古文尚书全译. 贵阳：贵州人民出版社，1990

姜亮夫. 古史学论文集. 上海：上海古籍出版社，1996

姜亮夫. 文学概论讲述. 昆明：云南人民出版社，2000

L

（宋）黎靖德编. 朱子语类. 长沙：岳麓书社，1997

李炳海. 周易释读. 深圳：南海出版公司，1992

李炳海. 周代文艺思想概观. 长春：东北师范大学出版社，1993

李炳海. 先秦两汉散文分类选讲. 北京：高等教育出版社，2007

（清）李道平. 周易集解纂疏. 潘雨廷点校，北京：中华书局，1994

（唐）李鼎祚. 周易集解. 成都：巴蜀书社，1991

李定生、徐慧君. 文子要诠. 上海：复旦大学出版社，1988

（宋）李昉等编. 太平御览. 上海：上海古籍出版社，1994

李镜池. 周易探源. 北京：中华书局，1978

梁启超. 中国历史研究法. 上海：华东师范大学出版社，1995

李泽厚. 中国古代思想史论. 北京：人民出版社，1986

刘起钎. 尚书学史（订补本）. 北京：中华书局，1989

刘起钎. 古史续辨. 北京：中国社会科学出版社，1991

刘师培. 中国中古文学史/论文杂记. 北京：人民文学出版社，1959

刘文典. 淮南鸿烈集解. 北京：中华书局，1989

（西汉）刘向撰，向宗鲁校证. 说苑校证. 北京：中华书局，1987

（西汉）刘向撰，赵仲邑注. 新序详注. 北京：中华书局，1997

（西汉）刘向撰，刘晓东校点. 列女传. 辽宁教育出版社，1998

（西汉）刘向辑录. 战国策. 上海：上海古籍出版社，1985

（南朝梁）刘勰著，詹锳义证. 文心雕龙义证. 上海：上海古籍出版社，1989

吕思勉. 经子解题. 上海：华东师范大学出版社，1995

罗根泽. 中国文学批评史. 上海：上海古籍出版社，1984

M

［苏］莫·卡冈著，凌继尧、金亚娜译. 艺术形态学. 北京：生活·读书·新知三联书店，1986

牟宗三．历史哲学．桂林：广西师范大学出版社，2007

N

聂石樵．先秦两汉文学史稿．北京：北京师范大学出版社，1994

聂石樵．司马迁论稿．北京：人民教育出版社，2001

O

（唐）欧阳询编，汪绍楹校．艺文类聚．上海：上海古籍出版社，1999

P

潘雨廷．周易表解．上海：上海社会科学院出版社，1993

（清）皮锡瑞著，盛冬铃、陈抗点校．今文尚书考证．北京：中华书局，1989

浦安迪．中国叙事学．北京：北京大学出版社，1996

Q

钱仓水．文体分类学．南京：江苏教育出版社，1992

钱穆．中国文学讲演集．成都：巴蜀书社，1987

钱穆．中国史学名著．北京：生活·读书·新知三联书店，2000

钱钟书．管锥编．北京：中华书局，1986

钱钟书．谈艺录（补订本）．北京：中华书局，1984

钱宗武．尚书入门．贵阳：贵州人民出版社，1991

钱宗武．今文尚书语言研究．长沙：岳麓书社，1996

R

［法］热奈尔·热奈特著，史忠义译．热奈特论文集．天津：百花文艺出版社，2000

［法］热拉尔·热奈特著，王文融译．叙事话语　新叙事话语．北京：中国社会科学出版社，1990

（清）阮元校刻．十三经注疏．北京：中华书局，1980

S

尚秉和. 周易尚氏学. 北京：中华书局，1980

尚学锋、过常宝、郭英德. 中国古典文学接受史. 济南：山东教育出版社，2000

上海师范大学古籍研究所校点. 国语. 上海：上海古籍出版社，1988

(汉)司马迁. 史记. 北京：中华书局，1982

苏舆撰，锺哲点校. 春秋繁露义证. 北京：中华书局，1992

(清)孙希旦撰，沈啸寰、王星贤点校. 礼记集解. 北京：中华书局，1989

(清)孙星衍. 尚书今古文注疏. 陈抗、盛冬铃点校，北京：中华书局，1986

(清)孙星衍. 周易集解. 上海：上海书店，1988

T

台静农. 龙坡论学集. 沈阳：辽宁教育出版社，2000

唐君毅. 中国哲学原论·导论. 北京：中国社会科学出版社，2005

[法]托多罗夫著，蒋子华、张萍译. 巴赫金、对话理论及其他. 天津：百花文艺出版社，2001

W

王葆玹. 今古文经学新论. 北京：中国社会科学出版社，1997

王立. 先秦外交辞令探究. 北京：世界知识出版社，2008

汪桂海. 汉代官文书制度. 南宁：广西教育出版社，1999

王国维. 观堂集林. 北京：中华书局，1959

王国维. 古史新证. 北京：清华大学出版社，1994

王卡点校. 老子道德经河上公章句. 北京：中华书局，1993

王利器．文子疏义．北京：中华书局，2000

（清）王聘珍撰，王文锦点校．大戴礼记解诂．北京：中华书局，1983

王维堤、唐书文撰．春秋公羊传译注．上海：上海古籍出版社，1997

王运熙、周锋撰．文心雕龙译注．上海：上海古籍出版社，1998

王洲明、徐超校注．贾谊集校注．北京：人民文学出版社，1996

［美］韦勒克著，丁泓、余徵译，周毅校．批评的诸种概念．重庆：四川文艺出版社，1988

［美］韦勒克、沃伦著，刘象愚等译．文学理论．北京：生活·读书·新知三联书店，1984

韦政通．董仲舒．台北：东大图书公司，1986

［美］乌尔利希·威斯坦因撰，臧宁译．文学体裁研究．见张隆溪编．比较文学译文集．北京：北京大学出版社，1982

吴承学．中国古代文体形态研究．广州：中山大学出版社，2000

（明）吴纳著，于北山校点．文章辨体序说／（明）徐师曾著，罗根泽校点．文体明辨序说．北京：人民文学出版社，1985

X

（梁）萧统编，（唐）李善注．文选．上海：上海古籍出版社，1986

徐复观．论经学史二种．上海：上海书店，2002

徐复观．两汉思想史．上海：华东师范大学出版社，2001

（东汉）荀悦撰，（东晋）袁宏撰，张烈点校．两汉纪．北京：中华书局，2002

许倬云．西周史．北京：生活·读书·新知三联书店，1993

许结. 汉代文学思想史. 南京：南京大学出版社，1990

Y

[古希腊]亚里士多德著，罗念生译. 修辞学. 北京：生活·读书·新知三联书店，1991

阎步克. 士大夫政治演生史稿. 北京：北京大学出版社，1996

阎步克. 乐师与史官. 北京：生活·读书·新知三联书店，2001

（清）严可均校辑. 全上古三代秦汉三国六朝文. 北京：中华书局，1958

杨伯峻. 列子集释. 北京：中华书局，1979

杨伯峻. 春秋左传注（修订本），北京：中华书局，1990

杨希枚. 先秦文化史论集. 北京：中国社会科学出版社，1995

杨树达. 汉代婚丧礼俗考. 上海：上海古籍出版社，2000

（清）姚鼐纂集，胡士明、李祚唐标校. 古文辞类纂. 上海：上海古籍出版社，1998

余嘉锡. 古书通例. 上海：上海古籍出版社，1985

余英时. 士与中国文化. 上海：上海人民出版社，1987

于迎春. 汉代文人与文学观念的演进. 北京：东方出版社，1997

于迎春. 秦汉士史. 北京：北京大学出版社，2000

郁沅、张明高编选. 魏晋南北朝文论选. 北京：人民文学出版社，1996

Z

臧克和. 尚书文字校诂. 上海：上海教育出版社，1999

（清）曾国藩. 经史百家杂钞. 长沙：岳麓书社，1987

张峰屹. 西汉文学思想史. 天津：南开大学出版社，2001

张光直. 中国考古学论文集. 北京：生活·读书·新知三

联书店，1999

张光直．中国青铜时代．北京：生活·读书·新知三联书店，1999

张玉法．先秦的传播活动及其影响．台北：台湾商务印书馆，1993

张善文．周易与文学．福州：福建教育出版社，1997

张少康．中国文学理论批评发展史．北京：北京大学出版社，1995

张少康、卢永璘．先秦两汉文论选．北京：人民文学出版社，1996

（清）章学诚著，叶瑛校注．文史通义校注．北京：中华书局，1994

张毅．文学文体概说．北京：中国人民大学出版社，1993

赵逵夫．叔孙豹的辞令、诗学活动与美学精神——兼论春秋时代行人在先秦文学发展中的作用．载《文学评论》，2007(4)

郑文．扬雄文集笺注．成都：巴蜀书社，2000

（清）朱骏声．六十四卦经解．北京：中华书局，1958

周振甫．周易译注．北京：中华书局，1991

周祖譔．隋唐五代文论选．北京：人民文学出版社，1990

朱谦之．老子校释．北京：中华书局，1984

（宋）朱熹撰，苏勇校注．周易本义．北京：北京大学出版社，1992

（宋）朱熹．四书章句集注．北京：中华书局，1983

（清）朱彝尊．经义考．北京：中华书局，1998

朱一清、孙以昭．司马相如集校注．北京：人民文学出版社，1996

后　记

　　这本书是在我的博士后出站报告基础上修改、补充完成的。2000 年夏天，我拜别恩师李炳海先生，从东北师范大学来到北京师范大学，跟随郭英德教授从事博士后研究工作。郭先生为人耿直中正，真诚热心；对学问求真务实，执着沉潜，早已硕果累累，卓然大家；对学生和悦宽容，尽力扶持，令人如沐朝阳，如坐春风。能忝列郭先生门墙，是我的幸运。郭先生建议我以先秦两汉文体作为研究课题，两年当中，给了我很多宝贵的指导。每次听先生谈话，都有拨云见日、茅塞顿开的感觉。可惜我愚钝不灵，写成的论文在深度和广度上都远远没有达到老师的期望。拙著出版之际，郭先生又拨冗赐序，惶愧、感激之情，难以言表。

　　本书研究先秦两汉文体，试图从个案入手，从不同角度去探讨文体生成的诸种因素，并非全景概观式的研究，因此，全书以单个的论题各自成章，章与章之间缺乏逻辑关联，缺乏"研究"所应具有的系统性。我曾努力重新组织理论框架，但是总觉得太牵强，最后只得作罢，颇为遗憾。此书从开始写作到最后成书，由于我的怠惰，时间拖得太久，十年间，学术界已经有不少新的研究成果问世，我自己的研究思路也发生了一些变化。比如对《尚书》，出站报告完成后，我一直想把它和青铜铭文联系起来考察文体，限于学养和精力，最后没能写入这方面的内容，补苴增华，只好留待异日了。

　　此外，第一章"《周易》与战国秦汉散文体制"本来是我博士论文中的一部分，博士后期间做了一些修改，拙著《〈周易〉与中国上古文学》（北京师范大学出版社，2005）一书已经收有此文。考虑到在先秦两汉文体研究这个题目下它很重要，因此，复又收入本书，重新加了注释，文辞上也稍有改动。书中某些章节曾以单篇论文形式发表过，此次入书也做了些修改。先秦文献多有成书年代无法确定的问题，增加了文体研究的难度，书中有些观点免不了有推测的成分，我只是做一些探索，错讹之处在所难免，祈望方家学者不吝指正。

　　感谢聂石樵、邓魁英、傅刚、刘跃进、李山、过常宝诸位先生，他们参加了我的博士后开题或出站报告会，提出了很多宝贵的修改意见，拓宽了我的思路，让我获益匪浅。尤其是聂先生和邓先生，参加出站报告会时都已年过古稀，仍然一丝不苟地进行评议，对此，我常怀感激。真诚祝愿两位长者身体健康，幸福长乐！

　　感谢北京市社科理论著作出版资助基金，给了拙著出版的机会。

　　感谢北京师范大学出版社的赵月华和张塈两位老师，她们出色的专业素养以及认真负责的工作态度，让我十分敬佩，没有她们的敦促，这本小书还不知何时才能面世。

　　感谢曹立晶同学（现任教于永嘉中学）。去年她在硕士论文答辩结束后，在北京的酷暑天里，细心地帮我核对了本书的大部分引文。

　　这里，我还要特别地感谢我的父母。父亲于海洲先生痴迷于古典诗词曲赋的创作与研究，自然也影响到我。是父亲培养了我的兴趣与爱好，引导我走上古代文学研究之路。母亲张庆兰女士没有高学历，但她非常勤劳、能干，全力支持父亲的诗词事业，也全力支持我读书、教书、写书。在我自己有了孩子之后，就更是加倍感受到父母的无私。只要我需要帮助，他们总会及时伸出援手。父母对我有求必应，竭尽所能，却从未向我索取过什么，只是希望我好、我的孩子好。父母为我付出的一切，经受的所有艰难，我都铭记于心，每每念及，情不能自已。

书将付梓，回顾往昔，感慨良多。当年初到京师，意气风发，踌躇满志，以为能做很多事。转眼十一年过去了，年近不惑而一无所成的我，越来越明白自己其实做不了什么；也越来越明白，即使做不了什么，也不能懈怠，仍要勉力前行。往者不可谏，来者犹可追。

于雪棠

2011 年 9 月 12 日